뻔히

다 보이는

수 능영어기출

김준

TOOBLO

뻔히 다보이는 수능영어기출

2022학년도

Resilience
칠전팔기

펴 낸 날   2022년 4월 18일

지 은 이   김준

펴 낸 이   김준

펴 낸 곳   투블로(TOOBLO)

편   집   신서빈 오지윤 김지호

주   소   서울시 강남구 강남대로 584 6층 350호

대표전화   02-533-6867

온 라 인   https://blog.naver.com/joon2257

Email   joon3689@gmail.com

등록번호   제2022-000023호

ISBN   979-11-975422-0-6 (53740)

• TOOBLO는 '갑자기 넘어지다' 또는 '불안하게 움직이다'를 뜻하는 TUMBLE에서 U와 M과 E을 빼고 그 자리를 O로 바꿔 만든 브랜드로, 시행착오를 거치더라도 둥근 바퀴처럼 앞으로 끝까지 나아가는 가치의 중요성을 담았습니다. TOOBLO는 차별화된 교육 아이템 및 교재 개발을 통해 학습의 새로운 장을 열기 위한 과감한 도전을 하고 있습니다.

Introduction

수능영어를 풀면서 쩔쩔매는 원어민들의 영상을 많이 접하셨을 겁니다. 영어권에서 실제로 쓰는 어휘 구성과 거리가 먼 패턴들이 많고, 문제를 만들려다 보니 난해한 문장들로 어색하게 이은 부분이 적지 않기 때문입니다.

그러면, 수능영어에서 고득점의 비법은 무엇일까요? 간단합니다. 수능영어만의 특성과 수준에 빨리 적응하는 것입니다. 만약 5개년 이상의 수능 기출 문제의 어휘, 문장 패턴, 단골 주제, 정답 찾기 비법 등을 반복적으로 익혀 완전히 자기 것으로 만들고, 그렇게 축적한 지식과 노하우를 EBS와 모의고사 문제들에 적극적으로 적용해 맞춰 가면, 고득점을 향한 확신과 욕심이 분명히 생길 겁니다. 이 책은 그 과정을 돕기 위해 만들어졌습니다.

무엇보다도 이 책엔 우리말 해석이 따로 없습니다. 그 대신, 지문과 대본과 선택지의 모든 어휘·표현·문법들에 번호를 매겨 해당 번호의 핵심을 철저히 분석했습니다. 그리고, 핵심을 반복해서 익히면 자연스레 문제의 모든 요소가 속시원하게 이해되도록 했습니다. 정답 공략을 위한 상세한 비법은 온라인으로도 학습할 수 있습니다.

이 책을 통해 수험생들이 수능 기출 문제의 모든 것을 깊이 있게 파악하는 역량을 길러, 등급을 올릴 수 있다는 확신으로 모의고사와 함께 실제 수능에 당차게 도전할 수 있다면 더 이상 바랄 것이 없겠습니다.　　/ 저자

Composition & Features

영어영역(홀수형) 핵심 어휘·표현·문법

45개 문항의 핵심 요소에 번호를 매긴 '번호식별 문제지'의 번호 순서에 따라, 상세한 어휘 분석 및 문법 설명 등으로 구성('수능 어휘 플러스 308' 연계 번호도 좌측에 함께 표시)

영어영역(홀수형) 핵심 번호식별 문제지

수학능력시험 영어영역의 듣기 대본, 독해 지문, 선택지들의 모든 주요 단어와 표현과 문법에 번호를 매긴 문제지
→ 온라인에서 번호식별 문제지의 번호들을 중심으로 상세히 설명된 독해 정답 공략법과 함께 더 심도 있는 학습 가능

영어영역(홀수형) 문제지

영어영역(홀수형) 정답표

수능 어휘 플러스 308

'핵심 어휘·표현·문법'에서 추가 예문의 모든 주요 어휘를 설명

수능 어휘 퀴즈 216

페이지를 앞뒤로 넘기는 퀴즈 방식으로 입체적인 어휘 연습

How to use this book

추천 학습법 1 → 모의고사 3등급 이하

> 핵심 요소들을 모두 파악한 뒤 문제풀이에 반복 도전

1. '핵심 어휘·표현·문법'을 반복 학습해 충분히 숙지
2. '핵심 번호식별 문제지'로 문제를 풀면서 모르는 부분들은 '핵심 어휘·표현·문법'을 활용해 반복 체크
3. '문제지'로 문제를 다시 풀면서, 부족한 부분은 계속 보완

추천 학습법 2 → 모의고사 2~3등급

> 번호식별 문제지를 먼저 풀면서 부족한 부분을 보완

1. '핵심 번호식별 문제지'로 문제를 풀면서 모르는 부분들은 '핵심 어휘·표현·문법'을 활용해 반복 체크
2. '핵심 어휘·표현·문법'을 반복 학습해 충분히 숙지
3. '문제지'로 문제를 다시 풀면서, 부족한 부분은 계속 보완

추천 학습법 3 → 모의고사 1~2등급

> 수능 문제지를 먼저 풀고 어려운 부분을 집중 체크

1. '문제지'로 문제를 풀면서 어려운 부분을 따로 체크
2. '핵심 번호식별 문제지'와 '핵심 어휘·표현·문법'을 활용, 문제지에 체크해 둔 어려운 부분을 집중 체크
3. '핵심 어휘·표현·문법' 전체를 반복해 완전히 소화

Contents

2022학년도 대학수학능력시험

영어영역(홀수형) 핵심 어휘·표현·문법

No.		Contents	
1			
	1	**Does your dog chew up your shoes or bark for no reason at times?**	당신의 개는 당신의 신발을 <u>완전히 물어뜯어 놓거나</u> 가끔 <u>아무런 이유도 없이</u> 짖나?
		▷ chew → 씹다 / <u>chew up</u> → 완전히 물어뜯어 놓다 / brew → 커피 등을 끓이다, 술을 양조하다 ▷ bark → 짖다, 나무껍질 / bark up the wrong tree → 상황·목표 등을 잘못 파악하고 헛다리짚다 ▷ <u>for no (good) reason</u> → (합당한) 아무런 이유도 없이 / stand to reason → 이치에 맞다(= make sense) ▷ <u>at times</u> → 가끔(= on occasion) / in no time → 곧, 즉시 / of all time → 지금까지 존재했던(살았던)	
	2	**control your dog during walks**	<u>산책 동안</u> 당신의 개를 컨트롤하다
		▷ out of control(hand) → 제어되지 않는 / under control → 제어되는 / in control → 제어된, 차분한	
	3	**you no longer have to worry**	당신은 <u>더 이상</u> 걱정할 필요가 <u>없다</u>
	4	**professional certified trainers who will improve your dog's behavior**	당신 개의 행동을 개선시켜 줄 전문 기량을 갖춘 <u>공인된</u> 트레이너들
		▷ certify → 증명·입증하다(= verify, guarantee) / <u>certified</u> → 공인된 / certificate → 증명서, 자격증	
	5	**misbehave / misbehavior**	<u>그릇된 행동을 하다</u> / <u>그릇된 행동</u>
	6	**Leave it to the Dog Training Center.**	개 훈련 센터에 그것(당신의 개)을 <u>맡겨라</u>
	7	**we'll train your dog to become a well-behaved pet**	<u>바르게 행동하는 애완동물이 되도록</u> 우리는 당신의 개를 훈련시킬 것이다
2			
	1	**hold on / hold on to A / hold that ~**	기다리다, 잡다, 참아내다 / A를 붙들다 / ~라고 믿다
	2	**that sounds quite demanding**	그것(그 여행 일정)은 굉장히 <u>힘든(빠듯한)</u> 듯 들린다
		▷ demand → 요구하다, 요구, 수요 / <u>demanding</u> → 힘든(빠듯한 = difficult, tough), 많은 것을 요구하는	
	3	**plan too many things to do for a trip**	여행을 위해 해야 할 너무 많은 것들(일정들)을 계획하다
	4	**experience as much as possible**	<u>가능한 한 많은 것을</u> 경험하다
	5	**you'll be worn out if you stick to ~**	~을 계속 고수하면 너는 녹초가 될 것이다
		▷ wear out A → A를 지치게 하다, A를 닳아 해지게 하다 / <u>be worn out</u> → 녹초가 되다, 닳아 해지다 ▷ stick → 달라붙다, 찌르다 / <u>stick to A</u> → A를 계속 고수하다(= stick with A, adhere to A, abide by A)	
	6	**Also, consider the time it takes to move to each place.**	또, 각각의 (여행) 장소로 이동하는 데 걸리는 시간을 고려해라
		▷ consider A → A를 고려하다 / consider A (as) B → A를 B로 여기다(= regard A as B) ▷ <u>it takes time to+v</u> → ~에 시간이 걸리다 / <u>the time it takes to+v</u> → ~에 걸리는 시간	
	7	**a long waiting line at some places**	<u>어떤 장소에서 기다려야 하는 긴 줄</u>
	8	**that's why you shouldn't fill your trip plan with too many things**	<u>그것은 너무 많은 것들(일정들)로 네가 너의 여행 계획을 채우지 말아야 할 이유다</u>
	9	**revise / revision**	<u>개선을 위해 수정하다</u>(= change, modify, rework) / <u>수정</u>

3	1	**briefly introduce it to listeners**	청취자들에게 <u>간단히</u> <u>그것을 소개하다</u>
	2	**What inspired the recipe?**	무엇이 <u>그 요리법(조리법)에 영감을 줬나?</u>
		▷ <u>inspire</u> → 영감을 주다, 자극하거나 북돋다 / <u>inspiration</u> → 영감, 자극 / expire → 만료되다(끝나다)	
	3	**be experiencing difficulty due to decreasing apple consumption**	<u>감소하는</u> 사과 <u>소비</u> 때문에 <u>어려움을 겪고 있는 중이다</u>
		▷ <u>due to</u> A → A 때문에(= because of A, owing to A) / be due to+v → ~할 예정이다 ▷ <u>consume</u> → 소비하다, 섭취하다 / <u>consumption</u> → 소비, 섭취 / consumer → 소비자	
	4	**create this new recipe to help the local economy**	<u>지역 경제를 돕기 위해</u> 이 <u>새로운 조리법을 만들어 내다</u>
	5	**flavor / add a special flavor**	맛 / <u>특별한 맛을 더하다</u>
	6	**definitely go to your bakery**	<u>반드시(분명히)</u> 당신의 베이커리를 찾아가다
		▷ <u>definite</u> → 분명한(= explicit, obvious) / indefinite → 불분명한(= vague, obscure, ambiguous)	
	7	**be back after a commercial break**	방송 <u>광고</u> 후에 다시 돌아오다
		▷ <u>commerce</u> → 상업, 거래 행위 / <u>commercial</u> → 거래하고 돈을 버는, 상업적인, TV·라디오 등의 광고	
4	1	**exchange / ready for the exchange student welcoming ceremony**	<u>교환하다</u>(= interchange, trade, swap, barter), 교환(환전) / <u>교환 학생 환영식을 위해 준비가 돼 있는</u>
	2	**a basket beside the stairs**	<u>계단 옆에 바구니</u>
	3	**striped tablecloth on the table**	테이블 위에 <u>줄무늬가 있는 테이블보(식탁보)</u>
	4	**it makes the table look fancy**	그것이 <u>테이블을 화려하게 보이게</u> 한다
		▷ <u>fancy</u> → <u>장식 등이 화려한</u>, 세련되고 값비싼, 좋아하다(= enjoy), 애착(= liking), 상상(= imagination)	
	5	**next to the welcome banner**	환영 배너 <u>옆에</u> (있는)
	6	**brighten up the stage / backstage**	<u>무대를 밝고 화사하게 해 주다</u> / 무대 뒤에, 비밀의
	7	**the bear on the flag**	깃발에 (표현돼) 있는 곰
	8	**set up microphones / setting**	<u>마이크들을 설치하다</u> / 배경(환경), 기기·식기 등 세팅
	9	**MC**	쇼 등의 진행을 맡은 진행자(= master of ceremonies)
5	1	**be included in our graduation album**	<u>우리의 졸업 앨범에 포함되다</u>
	2	**check our preparations for it**	<u>그것(사진촬영)에 대한 우리의 준비 상황을 점검하다</u>
	3 001 ∨ 004	▶ 앞에 나온 복수 명사를 받아주는 some, most, all 등의 대명사 W: I'm going to decorate our club's room with ribbons. 난 우리 동아리 방을 리본들로 장식할 거야. M: You said you'll bring **some** from home, right? 네가 집에서 **몇 개**를 가져올 거라고 말했지, 그렇지? The religions were severely oppressed, and **most** dwindled into small communities or vanished. 그 종교들은 심하게 탄압을 받았고, **대부분들**은 작은 공동체들로 줄어들었거나 사라졌다.	

오른쪽 여백:
폐지하다, 없애다 **ab**____
임구적인, 임무한 **pe**____
추진력, 기세 **mom**____

	4	photograph / photographer	사진(= picture, photo) / 사진작가, 사진사
5	5	survey our club members about what to wear for the photo	사진(사진 촬영)을 위해 무엇을 입어야 할지에 대해 동아리 회원들을 대상으로 설문조사를 하다
		▷ survey → 설문조사(= poll, inquiry), 조사, 설문조사를 하다, 조사하다(살펴보다 = examine)	
	6	wear heart-shaped sunglasses	하트 모양의 선글라스를 쓰다
	7 005 ∨ 008	▶ 'all ~, what ~, the only ~, the 최상급 ~ + be동사' 뒤에 보어로 **동사**가 따라올 때의 특징 What he wants to do is **(to) help** the novice chess players to pursue the game for its own sake. 그가 하고 싶은 것은 초보 체스 기사들이 게임 그 자체를 추구하도록(배우고 즐기도록) **돕는 것**이다. → 이 형태에서 보어로 따라오는 동사는 동사원형과 to+v 형태가 모두 가능하다. Now all that's left is **(to) buy** them for our members. 이제 남겨진 유일한 것은 우리 회원들을 위해 그것들(선글라스들)을 **구매하는 것**이다. → 이 형태에서 쓰이는 'all'은 'the only thing(유일한 것)'을 뜻한다.	
	8	take care of A	A를 돌보다(= look after A), A를 다루다(= deal with A)

	1	order some food to go	사서 가져 갈 음식을 주문하다
6	2	Let me confirm your order.	내가 당신의 주문이 맞는지 확인하게 해 달라.
		▷ confirm → 맞는지 확인하다(= verify), 더 확실히 해 주다(= reinforce) / confirmation → 맞다는 확인	
	3	get a 10% discount off the total	전체 금액에서 10% 할인을 받다
	4	terrific / horrific / epic	대단한(= splendid), 엄청난 / 끔찍한 / 서사시, 웅대한

	1	Are you still in pain?	너는 여전히 통증을 느끼고 있어(= feeling pain)?
	2	table tennis tournament	(패자가 탈락하고 승자가 올라가는) 탁구 토너먼트
7	3	work on your history homework	너의 역사 숙제를 (작업) 하다
		▷ work on A → A를 제작(해결, 개선)하는 작업·시도를 하다 / work through A → A를 잘 대처해 내다	
	4	submit / submit to A	제출하다(= hand in, turn in) / A를 마지못해 받아들이다
	5	I'm on my way to volunteer at the school library	나는 학교 도서관에서 자원봉사를 하러 가는 중이다

	1	▶ 'not A until B'이 'B에서야 비로소 A하다'를 의미하는 패턴의 예 **Jennifer** did·n't enjoy reading until she took the Little Readers' Class. = Not until she took the Little Readers' Class did **Jennifer** enjoy reading. Jennifer는 Little Readers' Class를 수강했을 때에서야 비로소 읽기를 즐기게 됐다. → 'Not until ~' 형태로 바꿀 수도 있는데, 이때 'did **Jennifer** enjoy reading'처럼 도치가 발생한다.	
8	2	provide various fun reading activities	다양한 흥미로운 읽기(독서) 활동을 제공한다(= furnish)
	3	be held / Where's it held?	열리다(개최되다 = take place) / 그것은 어디에서 열리지?
	4	flyer / prayer / layer	광고 전단지(= flier) / 기도 / 층, 층을 이루게 하다

8	5	**children ages seven to nine**	7살에서 9살 연령의 아이들 = children aged seven to nine
	6	**register / registration**	등록·가입·접수하다(= enroll) / 등록, 가입, 접수
	7	**I hope the class gets your daughter into reading**	나는 그 수업이 당신의 딸을 읽기(독서)에 푹 빠지게 하기를 희망한다
		▷ be(get) into A → A에 푹 빠지다(= be lost in A) / get … into A → …를 A에 푹 빠지게 하다	

9	1	**enjoy quality family time**	가족과 오붓하고 소중한 시간을 즐기다
		▷ quality time → (가족 등에게 관심을 기울이는) 오붓하고 소중한 시간 / lifetime → 일생, 수명	
	2	**run for a week / run in the family**	일주일간 이어지다(= last) / 가족들이 같은 특성을 갖다
	3	**Museum located near City Hall**	시청 근처에 위치한 박물관
	4 009 ∨ 010	▶ to+v 앞에 'for + 명사(대명사)'를 넣어 to+v의 주어(~가, ~이)를 나타내는 예 Eight programs will be offered **for parents and children** [~~enjoy~~ / **to enjoy**] together. **부모와 아이가 함께 즐길 수 있도록** 8개 프로그램이 제공될 것이다. → 이 패턴에서 일반 동사는 불가능 Crucial solutions will be addressed **for our company to retain** and **empower** good employees. **우리 회사가** 좋은 직원들을 **계속 보유하고 그들에게 권한을 줄 수 있도록** 중요한 해결책들이 다뤄질 것이다.	
	5	**…, including robot building and VR simulations**	…인데, 로봇 제작과 가상현실 시뮬레이션을 포함해
		▷ simulate → 똑같게 느껴지게 만들다(= imitate), 가장하다(= fake, feign) / stimulate → 자극하다	
	6	**give out a children's science magazine for free**	무료로(= free of charge) 어린이 과학잡지를 나눠주다
	7	**all children under age 11 must be accompanied by an adult**	11세 미만의 어린이들은 성인에 의해 동행이 돼야 한다
		▷ accompany → ~를 동반하다(~와 동행하다), (음악) 반주하다 / accompaniment → 동반, 반주	
	8	**admit / admission / admission fee**	인정하다, 입장 등을 허락하다 / 입장, 입장료 / 입장료
	9	**register in advance**	미리 등록(접수)하다 = register beforehand

10	1	**reserve a study room / reservation**	스터디룸을 예약하다(= book) / 예약
	2	**only these rooms are available**	오직 이 룸들만 이용(예약) 가능하다
	3	**we need a room big enough to accommodate six of us**	우리는 6명을 수용할 정도로 충분히 큰 룸을 필요로 한다
		▷ accommodate → 숙박시설을 제공하다(= lodge), 수용하다 / accommodation → 숙박시설(= lodging)	
	4	**skip / let's skip this one**	건너뛰다, 거르다 / 이것은 (선택하지 말고) 건너뛰자
	5	**spend more than $20 per hour**	한 시간당 20달러 이상을 쓰다
	6	**budget / it's beyond our budget**	예산, 사용 가능액수 / 그것은 우리의 예산을 초과한다

올리다, 증가시키다 ele___

성과를 거두다 b___ fruit

오솔길, 흔적, 뒤를 밟다 tr___

10	7	a study room <u>with a projector</u>	프로젝터가 있는 스터디룸
	8	<u>we'll need it</u> to practice for our presentation	발표를 대비해 연습하기 위해 우리는 그것(프로젝터)를 필요로 할 것이다
11	1	<u>it took an hour</u> for us <u>to get back home</u>	우리가 집으로 돌아가는 데 한 시간이 걸렸다
	2	<u>it was nice of you to invite my co-workers</u>	네가 내 직장 동료를 초대해 주다니 정말 친절하구나
		▷ co-worker → 직장 동료(= colleague) / coauthor → 공동 저자 / copilot → 비행기 부조종사	
	3	How long do you think it'll take?	그것이 얼마나 걸릴 것이라고 너는 생각해?
12	1	I like the camera you bought for me	네가 나에게 사 준 그 카메라를 나는 좋아해
	2	<u>I'll stop by</u> and <u>get it</u> on my way home	집으로 가는 도중에 내가 잠깐 들러 그것을 갖고 가겠다
	3	Never mind. / make up one's mind	신경 쓰지 마(= Don't worry about it.) / 결심(결정)하다
	4	I'll drop off the camera tomorrow	내일 내가 그 카메라를 놓고 가겠다
		▷ <u>drop off A</u> → A를 내려주다(놓고 가다) / drop by(in, over) → 잠깐 들르다 / drop out → 중퇴하다	
	5	Thanks for taking the pictures of me.	내 그 사진들을 찍어 줘서 고마워.
	6	That's too <u>expensive</u> for the repair.	수리 비용으로 그것은 너무 비싸다(= costly, pricey).
	7	I'm <u>calling to see if</u> I can pick up my camera today.	오늘 내가 내 카메라를 가지러 갈 수 있는지 아닌지를 알아보기 위해 전화를 하고 있다
13	1	No worries.	걱정하지 마, 괜찮아 = No problem.
	2	<u>not always as bad as you think</u>	네가 생각하는 것만큼 항상 나쁘지는 않다
		▷ as always → 항상 그랬듯이 / as usual → 여느 때와 마찬가지로(= as ever, as has always been true)	
	3	<u>bring a charger whenever you go out</u>	외출할 때마다 충전기를 가져가다
		▷ charge → 돈을 청구하다, 고소하다(= sue, accuse), 충전하다(되다) / charger → 충전기	
	4	<u>a good way to take time for yourself</u>	네 자신을 위한 시간을 갖는 좋은 방법
	5	<u>working out too much</u> will burn all your energy	너무 많이 운동하는 것은 너의 모든 에너지를 소진한다
		▷ work out → 운동하다, 잘 진행되다, 진행되다 / work out A → A(해결책 등)를 알아내다(= figure out A) work wonders → 좋은(놀라운) 효과를 거두다(= do wonders)	
	6	<u>enjoy ourselves at the exhibition</u> with the kids	아이들과 함께 그 전시회에서 우리가 즐거운 시간을 갖다
		▷ exhibit → 전시하다(= display), 보여주다, 전시품, 전시회(= exhibition) / exhibition → 전시, 전시회	

	7	seem <u>low on energy</u> / energetic	<u>(몸의) 에너지가 부족해 보인다</u> / 활기찬(= vigorous)
	8	<u>burn out</u> / <u>burn out A</u> / <u>burnt out</u>	녹초가 되다 / A를 녹초로 만들다 / <u>소진된</u>(= burned out)
	9	it's no wonder	그것은(기력이 소진된 것은) 이상할 게 없다
	10	so <u>stressed out</u> from work	일로부터 <u>너무 스트레스를 받은</u>
13	11	I can't remember <u>the last time</u> that I <u>really got to</u> enjoy myself	<u>내 스스로 즐기기 위해 내가 진정으로 가졌던</u> <u>마지막 시간을</u> 난 기억하지 못하겠다
	12	recharge one's battery	기력을 회복하기 위해 휴식을 취하다
		▷ <u>recharge</u> → 재충전하다, 기력을 회복하다 / discharge → 배출하다, 나가게 하다, 해고하다, 배출	
	13	do <u>whatever makes you feel happy</u>	너를 행복하게 느끼게 만드는 무엇이든지 하다
	14	<u>there's an exhibition</u> that I've been interested in	내가 관심을 가져왔던 <u>전시회가 있다</u>
14	1	the hotel can't be <u>fully booked</u>	그 호텔은 <u>완전히 다 예약돼 있을</u> 리가 없다
		▷ can't(cannot) + 동사원형 → ~할 리가 없다 / can't(cannot) have + 과거분사 → ~했을 리가 없다	
	2	I <u>should've checked out</u> as early as possible	나는 가능한 한 일찍 확인해 봤어야 했다
		▷ should have + 과거분사: ~했어야 했다 / shouldn't have + 과거분사: ~하지 말았어야 했다	
	3	I'm satisfied with <u>your service</u>	나는 <u>당신의 서비스에</u> 만족한다
	4	<u>switch</u> your room <u>with</u> mine	<u>너의 방을 나의 것(나의 방)과 바꾸다</u>(= swap, exchange)
	5	<u>high enough</u> to avoid the smell	<u>그 냄새를 피할 정도로 충분히 높은</u>
	6	<u>specifically</u> book a non-smoking room	<u>구체적으로(특정하게)</u> 금연 룸을 예약하다
	7	<u>assign</u> you a non-smoking room	당신에게 금연 룸을 배정하다
		▷ assign → 할당·배정하다(= allocate, allot), 임명하다(= appoint) / assignment → 할당 과제(= mission)	
	8	<u>Since</u> your room is close to the <u>ground level</u>, cigarette smoke <u>must have come in</u> from outside.	너의 방이 지상(1층)과 가깝기 때문에, 담배 연기가 바깥으로부터 들어왔음이 틀림없다.
		▷ smoke → 연기, 담배를 피우다 / <u>cigarette smoke</u> → 담배 연기 / smokestack → 굴뚝(= chimney) ▷ must have + 과거분사 → ~했음이 틀림없다 / a must → 꼭 필요한 것 / a must-do → 꼭 해야 할 것	
	9	convenience / inconvenience	편리함 / 불편함
	10	bother	성가시게 하다, 신경을 쓰거나 걱정하다, 일부러 ~하다
	11	<u>move to a higher floor</u>	더 높은 층으로 이동하다

뿌리 뽑다, 근절하다 upr____

시작되다, 분명해지다 s____ in

자격(조건)을 갖춘 eli____

15	1	**in time / on time**	늦지 않게, 시간에 맞게 / 정확한 시간에(= punctually)
		▷ time and again → 반복적으로 자주(= time after time, time and time again, repeatedly, frequently)	
	2	**discuss the changes to the sculpture**	그 조각에 대한 변화에 대해 논의하다
		▷ sculpt → 조각하다, 만들어내다 / sculpture → 조각 / sculptor → 조각가	
	3	**the reopening was postponed**	재개장이 연기됐다
		▷ postpone → 연기하다(미루다 = delay, defer, hold off, put off)	
	4	**send the final design immediately**	즉시(= at once, right away) 최종 디자인을 보내다
	5	**get the job done before the deadline**	마감시한 전까지 일을 끝마치다
	6	**the head of a local library**	지역 도서관의 관장
	7	**hire Jason to create a sculpture**	조각을 하나 만들도록 Jason을 고용하다
	8	**complicated**	복잡한, 복잡하게 얽힌 = complex, intricate
	9	**call him to express her concern**	그녀의 우려를 표현하기 위해 그에게 전화하다
		▷ concern → 걱정(우려 = worry, anxiety), 관심, ~과 관련되다, ~에 영향을 미치다, ~를 걱정하게 만들다	
	10	▶ since가 '~이기 때문에'로 쓰이는 예(since = because = as) He has enough time to make it **since** he has worked on these types of sculptures before. 그는 전에 이런 종류의 조각들을 작업해 본 적이 있**기 때문에** 조각을 만들기 위한 충분한 시간이 있다.	
	11	▶ 접속사 that이 and 및 but 등과 이어져 동일한 패턴을 이어가는 경우의 용법 He wants to tell Sarah **that** he can finish it in time and **that** she doesn't have to be concerned. 그는 Sarah에게 자신이 늦지 않게 그것을 끝낼 수 있고 그녀는 걱정할 필요가 없다고 말하기를 원한다.	
	12	**she doesn't have to be concerned**	그녀는 걱정할 필요가 없다 = she need not be concerned
16 – 17	1	**effects of incorporating painting into math education**	그림을 수학 교육의 일부로 포함시키는 것의 효과
		▷ incorporate A into B → A를 B의 일부로 포함시키다(결합시키다) / incorporation → 포함, 결합	
	2	**mathematical analysis of the art industry's growth**	예술 산업의 성장에 대한 수학적인 분석
		▷ analyze → 분석하다 / analysis → 분석 / analytical → 분석적인(= analytic) / analyst → 분석가 ▷ industry → 산업 / industrial → 산업의 / industrialize → 산업화하다 / industrialization → 산업화	
	3	**application of mathematics in different types of art**	다양한 유형의 예술(미술)에서 수학의 적용(응용)
		▷ apply → 적용하다, 응용하다, 지원(신청)하다 / application → 적용, 응용, 지원 / applicant → 지원자	
	4	**historical review of important concepts in the arts**	예술에서 중요한 개념들에 대한 역사적인 검토(고찰)
		▷ review → 작품 등에 대한 평론(리뷰), 검토(조사), 검토(조사)하다 / preview → 영화·연극 등의 시사회	

	5	**challenges of harmonizing mathematics and art**	수학과 예술을 조화시키는 것의 어려움(장애물)
		▷ challenge → 어려운 문제(장애물 = obstacle), 도전, 이의를 제기하다 ▷ harmony → 조화(= balance, coordination) / harmonious → 조화로운(= balanced, coordinated) harmonize → 화음을 넣어 노래(연주)하다, 서로 조화를 이루다 / harmonization → 화음, 조화	
	6	**math is all about boring formulas**	수학은 온통 지루한 공식들과 관련돼 있다
		▷ formula → 수학·화학 등의 공식, 음료·약 등의 성분, 분유 / formulate → 고안·구상하다(= devise)	
	7	**it involves much more**	그것은(수학은) 더 많은 것들을 포함하고 있다
	8 011 ∨ 013	▶ 동명사 덩어리가 문장 속에서 쉽게 파악이 되지 않는 경우의 예 Early mathematicians found that **dividing** or **multiplying** sound frequencies created different musical notes. 초기 수학자들은 음의 주파수를 **나누는 것** 또는 **늘리는 것**이 다양한 음을 만들어 냈다는 것을 발견했다. → 주어 기능의 동명사 'dividing or multiplying'이 동사 created와 이어지는 덩어리를 형성하고 있다. This is why **showing** genuine empathy to others amplifies their feelings of trust towards you. 이것은 타인에게 진실된 공감을 **보이는 것**이 당신을 향한 그들의 신뢰를 강화해 주는 이유다.	
16 ㅣ 17	9	**dividing or multiplying sound frequencies created ~**	음의 주파수를 나누는 것 또는 늘리는 것이 ~를 만들어 냈다
		▷ divide → 분리시키다(분리되다), 나누다 / division → 구분, 분리 / divisive → 분열을 유발하는 ▷ multiple → 다수의(여럿의), 곱한 배수 / multiply → 늘다, 늘리다, 곱하다 / multitude → 다수, 많음 ▷ frequent → 빈번한, 자주 가다 / frequency → 빈도, 주파수 / sound frequency → 음의 주파수	
	10	**note**	쪽지, 음, 음표(⇒ score<악보>), 주목하다, 언급하다
	11	▶ to+v가 '~하기 위해'를 의미하는 예 Many musicians started applying this mathematical concept **to make** harmonized sounds. 많은 음악가들은 조화가 이뤄진 소리를 **만들어 내기 위해** 이 수학적인 개념을 적용(응용)하기 시작했다.	
	12	**frequently use math concepts, particularly the "Golden Ratio"**	빈번하게(자주) 수학 개념들을 사용하는데, 특히 "황금 비율(황금비)"를 사용한다
		▷ ratio → 비율(비례 = proportion) / a ratio of A to B → A대 B의 비율로	
	13 014 ∨ 018	▶ 주절 앞에서 형성되는 분사 패턴의 예 1 **Using** this, great painters created masterpieces that display accurate proportions. 이것(황금 비율)을 **사용해서**, 위대한 화가들은 정확한 비율을 보여주는 걸작들을 만들어 냈다. → 이처럼 분사는 동시상황 및 이유 등의 의미를 나타내며 문맥에 맞게 문장을 연결하는 기능을 한다. **Used** in place of taboo or insulting expressions, euphemisms can make light of heavy subjects. = **Being used** in place of taboo or insulting expressions, euphemisms can make light of ~. 금기시되거나 모욕을 주는 표현 대신에 **사용되면서**, 완곡어법은 무거운 주제를 가볍게 취급할 수 있다. → 주절의 주어가 능동이면 Using 같은 현재분사를, 수동이면 Used 같은 과거분사를 사용한다. → 과거분사인 경우, Being 및 Having been이 생략돼 Used처럼 과거분사만 남은 경우가 많다.	
	14	**masterpiece / masterly / mastery**	걸작(= masterwork) / 상당한 기량의(= masterful) / 통달

16|17	15	**display accurate proportions**	정확한 비율(비례)를 보여주다(표현하다)
		▷ accurate → 틀림이 없이 정확한(= faithful) / accuracy → 정확성 / inaccurate → 정확하지 않은 ▷ proportion → 전체 중 부분(= portion, percentage), 상대적 비율(비례 = ratio) / portion → 부분, 몫 in proportion (to A) → (A와) 비례하는 / out of proportion (with A) → (A와) 비례하지 않는	
	16	**The Mona Lisa is well-known for its accurate proportionality**	모나리자는 정확한 비율로 잘 알려져 있다
	17	**photography is another example**	사진술은 또 하나의 예다
	18	**photographers divide their frames into 3 by 3 sections and place their subjects along the lines**	사진작가들은 '가로 3 X 세로 3' 분할로 (사진을 찍는) 틀을 나누고 대상들을 그 선들에 따라 배치한다
		▷ frame → 틀, 뼈대, 액자, 틀 안에 넣다, 글 또는 말을 만들어내거나 표출하다 / flame → 불꽃, 화염 ▷ subject → 작품의 대상, 피실험자, 주제, 과목	
	19	**By doing so, the photo becomes balanced, thus more pleasing.**	그렇게 함으로써(3X3 분할로 배치함으로써), 사진은 균형이 잡히게 되고, 그래서 더 만족감을 준다.
		▷ please → 즐겁게 해 주다 / pleasing → 즐겁게 해 주는 / pleased → 즐거워하는 / displeased → 언짢은	
	20	**Lastly, dance applies mathematics to position dancers on the stage.**	마지막으로, 무대 위에 댄서들을 위치(배치)시키기 위해 춤은 수학을 적용(응용)한다
	21	**calculate distances between A and B**	A와 B 사이의 거리를 계산하다
		▷ calculate → 계산하다 / calculation → 계산(= computation) / calculator → 계산기	
	22	**adjust to the size of the stage**	무대의 크기에 적응하다(조절해 맞추다)
		▷ adjust → 맞추다(조정하다, 적응하다 = adapt, assimilate, attune) / adjustment → 조절, 적응	
	23	**this gives the impression of harmonious movement**	이것은 조화로운 동작(움직임)의 인상을 준다
	24	**gain a new perspective on ~**	~에 대한 새로운 관점을 얻다
		▷ gain → 얻다(획득하다 = obtain, acquire, earn), 이득 / regain → 되찾다(= recover, retrieve, take back) ▷ perspective → 관점(= standpoint, viewpoint, outlook, angle), 중요성 등을 이성적으로 파악하는 능력	
18	1	**plan a special workshop**	특별한 워크샵을 계획하다
	2	**be impressed with your ideas about using internet platforms**	(사용자들을 위해 구축된) 인터넷 플랫폼들을 이용하는 것과 관련된 당신의 아이디어에 깊은 인상을 받다
	3	**an expert in online education**	온라인 교육에서 전문가
	4	**deliver a lecture at the workshop scheduled for next month**	다음달로 일정이 계획돼 있는 워크샵에서 강의를 하다
	5	**manage successful online classes**	성공적인 온라인 수업들을 운영(관리)하다

18	6	**learn from your insights / unlearn**	당신의 통찰력으로부터 배우다 / 악습 등을 내버리다(잊다)
		▷ insight → 직관으로 예리하게 파악하는 능력(시각), 통찰력 / insightful → 예리한 통찰력을 지닌	
	7	**look forward to hearing from you**	당신으로부터 답변을 듣는 것을 간절히 바라다(원하다)
19	1	**explore / exploration / explorer**	탐험하다 / 탐험(= expedition) / 탐험가
	2 019 ∨ 022	▶ 앞문장을 연결하는 기능으로, 형용사가 콤마 뒤에서 이어지는 형태의 예 It was Evelyn's first time to explore the Badlands of Alberta, **(which is) famous** across Canada for its numerous dinosaur fossils. 　그것은 Alberta의 Badlands를 탐험하는 Evelin의 첫 번째 경험이었는데, **(그곳은)** 캐나다 전체에서 수많은 공룡 화석들로 **유명한 곳이다**. 　→ '관계대명사+ be동사' 생략으로 접근: 콤마 뒤에 형용사 'famous'만 남을 수 있다. For all his fragile health brought on by torture, he grabbed cooking utensils, **(being) anxious** to cook. 　고문으로 유발된 허약한 건강에도 불구하고 그는 요리 도구를 쥐었는데, **간절히 요리하고 싶었기 때문이었다**. 　→ 'being(having been)' 생략으로 접근: 주어 he와 연결된 분사 being이 생략돼 형용사 'anxious'만 남을 수 있다.	
	3	**numerous dinosaur fossils**	수많은 공룡 화석들
		▷ numerous → 많은 / numeral → 숫자 / numerical → 숫자의 / innumerable → 무수히 많은(= untold) ▷ fossil → 화석 / fossil fuel → 석탄·석유 등 화석 연료 / fossilize → 화석이 되다, 화석이 되게 하다	
	4	**as a young amateur bone-hunter**	(공룡 뼈 등을 찾는) 젊은 아마추어 뼈 사냥꾼으로서
	5	**overflow / overflow with anticipation**	넘쳐흐르다, 가득 채우다, 범람 / 기대로 넘쳐흐르다
		▷ anticipate → 예상하다(= expect, foresee), 기대하다(= look forward to) / anticipation → 예상, 기대	
	6	**she had not travelled this far for the bones of ~**	~의 뼈를 찾기 위해 그녀는 이렇게 멀리 여행해 본 적이 없었다
	7	**common dinosaur species**	흔한 공룡 종들
		▷ common → 일반적인(흔한 = commonplace), 공통된 / uncommon → 흔치 않은 / commoner → 평민 ▷ species → (생물) 종, 공통의 특징을 지닌 유형(종류 = kinds, types) / specimen → (동식물) 표본, 샘플	
	8	**her life-long dream to find rare fossils of dinosaurs was about to come true**	희귀한 공룡 화석들을 찾겠다는 그녀의 평생 꿈은 막 실현되려고 했던 상황이었다
		▷ rare → 희귀한(드문= scarce, unusual), 덜 익은 / rarely → 거의 ~하지 않는(= hardly, scarcely) ▷ be about to+v → 막(곧) ~하려고 하다 ▷ come true → 실현되다(= be realized<materialized>) / come around → 결국 받아들이다. 깨어나다	
	9	**begin eagerly searching for them**	그것들(공룡 뼈들)을 간절히(열렬히) 찾기 시작하다
		▷ eager → 간절한 = longing, yearning) / be eager(keen, anxious) to+v → 간절히 ~하고 싶어 하다	
	10	**wander throughout ~**	~ 전체를 돌아다니다(= roam, ramble)
	11	**desert / deserted / deserted land**	사막, 버리다 / 버려진(황량한 = desolate) / 사람이 안 사는 땅

19	12	**successful / unsuccessful**	성공적인, 목표를 이룬 / 실패한, 목표를 이루지 못한
	13	**the sun was beginning to set**	태양이 지기 시작하고 있었다
	14	**her goal was far beyond her reach**	(뼈를 찾겠다는) 그녀의 목표는 도무지 이룰 수 없었다
		▷ beyond one's reach → 이룰 수 없는 / within reach → 이룰 수 있는 / preach → 설교하다, 잔소리하다	
	15 023 ∨ 027	▶ 주절 앞에서 형성되는 분사 패턴의 예 2 **Looking** at the slowly darkening ground before her, she sighed to herself. 그녀 앞에서 서서히 어두워지는 땅을 **바라보면서**, 그녀는 한숨을 내쉬며 혼잣말을 했다. / 능동 **Looked** at from a distance, this hunched or rigid posture may appear assertive or aggressive. 멀리서 **관찰된다면**, 이 구부정하거나 경직된 자세는 자신감 넘치거나 공격적인 듯 보일 수 있다. / 수동	
	16	**sigh / sigh to oneself**	한숨을 내쉬다(= exhale) / 한숨을 내쉬며 혼잣말을 하다
	17	**I can't believe I came all this way for nothing**	내가 여기까지 먼 길을 왔는데 아무런 결과나 보상도 없다니 도무지 믿을 수 없다
		▷ for nothing → 아무런 결과나 보상도 없는, 공짜로 / not … for anything → 절대로 …하지 않겠다	
	18	**What a waste of time!**	정말 시간 낭비였네!
	19	**confused / confuse / confess**	혼란스러워하는 / 혼란스럽게 하다 / 고백(자백)하다
	20	**scare / scared / scary**	겁을 주다 / 겁을 먹은 / 두려움을 주는(= frightening)
	21	**discourage / discouraged**	기를 꺾다(낙담시키다 = dishearten) / 기가 꺾인(낙담한)
	22	**confident / confidence**	자신하는(= self-assured) / 확신(신념 = conviction, faith)
	23	**annoy / annoyed / annoying**	짜증나게 하다 / 짜증을 느끼는 / 짜증나게 하는
	24	**indifferent / indifference**	무관심한(= unconcerned) / 무관심(= apathy)
	25	**depress / depressed / depressing**	우울하게 하다 / 우울한 / 우울하게 하는(= gloomy, dreary)
	26	**hopeful / hopeless**	희망적인(= promising, optimistic) / 절망적인(= desperate)
	27	**disappointed / disappoint / appoint**	실망한(= frustrated) / 실망시키다 / 임명(지명)하다
20	1	**one of the most common mistakes**	가장 흔한 실수들 중 하나
	2 028 ∨ 031	▶ 숙어 구조를 알고 있으면 파악이 쉬운 '명사 + 과거분사' 패턴 One of the most common **mistakes** [make / **made**] by organizations when they first consider ~ ~을 처음으로 고려할 때 조직들에 의해 **저질러지는** 가장 흔한 **실수들** 중 하나 → **make** a mistake: 실수를 저지르다 / **make** a promise: 약속을 하다 / **make** a progress: 진전을 이루다 → 'mistakes that are made'에서 'that are'가 생략된 형태이므로 과거분사인 made가 들어가야 한다. **The press conference held** in the wake of the outbreak of the fatal virus was broadcast live. 그 치명적인 바이러스 감염의 폭증 후에(폭증의 결과로) **열린 그 기자회견**은 생중계로 방송됐다. → **hold** a press conference: 기자회견을 열다 / **hold** an event: 행사를 열다 / **hold** a party: 파티를 열다	
	3	**organize / organization**	조직하다, 구성하다, 정돈(배열)하다 / 조직, 구성

4	**consider experimenting with ~**	~를 시도해 보는 것을 고려하다
	▷ experiment → 실험 / experiment with(on) A → A를 실험하다, (효과 파악 등을 위해) A를 시도해 보다	

20

5 032 ∨ 035	▶ '주어 + be동사 + that절 ~'로 '…는 ~다는 점이다(것이다)' 및 '…는 ~이다'를 나타내는 패턴 One concern about consensus is **that** resulting decisions are at best mediocre and lack originality. 전체적 합의와 관련된 한 우려는 최종적 결정이 기껏해야 그저 평범하고 독창성이 결핍돼 있**다는 것이다**. One of the most common mistakes made by organizations when they first consider experimenting with social media [~~are~~ / is] **that** they focus too much on social media tools and platforms. 소셜 미디어를 시도해 보는 것을 처음으로 고려할 때 조직들에 의해 저질러지는 가장 흔한 실수들 중 하나는 그들이 소셜 미디어 도구들과 온라인 플랫폼들에 너무 많이 집중한**다는 점이다**. → 주어가 길지만 핵심 주어는 'One'이므로 단수 동사인 'is'와 이어져 '… is that ~' 형태를 구성하고 있다. The reality of success in the social web for businesses is [~~what~~ / **that**] creating a social media program begins not with … but with ~. 기업들에게 있어서 소셜 웹에서 성공의 실체는 소셜 미디어 프로그램을 만드는 것이 …과 함께 시작되는 것이 아니라 ~과 함께 시작된**다는 점이다**.
6	**focus too much on social media tools and platforms** 소셜 미디어 도구들과 온라인 플랫폼들에 너무 많이 집중하다
7 036 ∨ 040	▶ 'not'이 앞에 나온 단어 및 덩어리를 이어 부정하는 뜻으로 쓰인 패턴의 예 One of the most common mistakes made by organizations is that they focus too much on social media tools and platforms and **not** enough on their business objectives. 조직들에 의해 저질러지는 가장 흔한 실수들 중 하나는 그들이 소셜 미디어 도구들과 온라인 플랫폼들에 너무 많이 집중하고 자신들의 사업 목표에는 충분히 집중하지 **않는다**는 점이다. → 'and **not** enough on their business objectives'는 'and do **not** focus enough on their business objectives'가 줄어든 형태로 접근하면 이해가 쉽다. Egotism, an inflated opinion of one's personal importance, is the state seen as predominant in modern society, but **not** in pre-modem community governed by modesty. 자기중심적 태도는, 자신의 개인적 중요성의 부풀려진 생각으로, 현대 사회에서 지배적인 것으로 여겨지는 (감정) 상태이지만, 겸손에 의해 이끌어졌던 전근대 사회에서는 그러지 **않았다**. → 'but **not** in pre-modem community governed by empathy'는 'but was **not** the state seen as predominant in pre-modem community governed by empathy'가 줄어든 형태로 접근하면 이해가 쉽다
8	**objective / objection** 목표(목적), 객관적인(↔ subjective<주관적인>) / 반대
9	**reality of success in the social web** 소셜 웹(온라인 네트워크)에서 성공의 실체
10	5번 설명 참조
11	▶ 'not A but B'로 'A가 아니라 B다(A하는 것이 아니라 B하다)'를 나타내는 예 1 The reality of success in the social web for businesses is that creating a social media program begins **not** with insight into the latest social media tools and channels **but** with a thorough understanding of the organization's own goals and objectives. 기업들에게 있어서 소셜 웹에서 성공의 실체는 소셜 미디어 프로그램을 만드는 것이 최신 소셜 미디어 도구들과 채널들을 예리하게 파악하는 통찰력과 함께 시작되는 **것이 아니라** 조직 자체의 목표와 목적에 대한 철저한 이해**와 함께 시작된다**는 점이다.

12	**insight into the latest social media tools and channels**	최신 소셜 미디어 도구들과 채널들을 예리하게 파악하는 통찰력
13	**thorough / thoroughly**	철저한(= rigorous, in-depth), 세심하고 정확한 / 철저히
14	**understanding of the organization's own goals and objectives**	조직 자체의 목표와 목적에 대한 이해
15	**mere / merely / not merely A**	단순한, 단지 ~인 / 그저(단지) / 그저(단지) A만이 아닌
16	**the fulfillment of a vague need to manage a "presence" on popular social networks**	인기있는 소셜 네트워크에서 "존재(참가한다는 것)"를 관리해야 하는 애매한 필요성의 실행(이행)
	▷ fulfill → 약속 등을 실행·성취하다(= achieve, carry out, meet) / fulfillment → 실행(이행), 성취, 충족 ▷ vague → 애매한(불분명한 = dim, unclear, indistinct, ambiguous, equivocal) / vogue → 유행 ▷ present → 선물, 현재의, 출석한(존재하는), 증정하다, 발표하다(= set out) / presently → 지금(= currently) presence → 출석(참가 = attendance), 존재(= existence) ↔ absence(결석, 부재)	
17	**because "everyone else is doing it"**	"다른 모든 사람들이 그것을 하고 있다는 것" 때문에
18	**"being in social media" serves no purpose in and of itself**	"소셜 미디어에 존재하고 있다는 것"은 그 자체로는 전혀 도움이 안 된다(전혀 쓸모가 없다)
	▷ serve a purpose → 쓸모가 있다 / serve no purpose → 전혀 쓸모가 없다 / self-serving → 이기적인 ▷ in and of itself → 다른 것을 고려하지 않고 그 자체로(= in itself, as such)	
19	**in order to serve any purpose at all**	어쨌듯 뭔가 쓸모가 있기(뭔가 도움이 되기) 위해서
	▷ at all → 전혀 ~아닌[부정], 어쨌든(여하튼)[긍정], 도대체[의문 및 선택] / if at all → 설령 있다고 하더라도	
20	**either A or B / neither A nor B**	A 또는 B (중 하나) / A와 B 둘 다 아닌
21	▶ 조동사 뒤에 2개 이상의 동사원형이 이어지는 경우 In order to serve any purpose at all, a social media presence **must** either solve a problem for the organization and its customers or result in an improvement of some sort. 어쨌듯 뭔가 쓸모가 있기(뭔가 도움이 되기) 위해서, 소셜 미디어에서의 존재(참가)는 조직(기업)과 그 고객들을 위해 문제를 해결해**야** 하거나 또는 일종의(뭔가의) 개선을 결과로 가져와**야 한다**.	
22	**the organization and its customers**	조직(기업)과 그 고객들
23	**result in A / result from A**	결과로 A를 가져오다(= cause A) / A로부터 유발되다
24	**an improvement of some sort**	일종의(뭔가의) 개선
25	**preferably a measurable one**	가급적이면 측정 가능한 것(개선): one → improvement
	▷ prefer → 더 좋아하다, 선호하다 / preference → 선호 / preferable → 더 좋은, 더 선호하는 ▷ measure → 조치(수단), 측정하다 / measurable → 측정 가능한 / measurement → 측정	
26	**In all things, purpose drives success.**	모든 면에서, 목적이 성공을 이끈다.
	▷ drive → 운전하다, ~하도록 유도하다(이끌다 = encourage), 열망(= desire, ambition), 단합된 노력(= effort)	

20

20	27	**the world of social media is no different**	소셜 미디어의 세계도 다를 바가 없다(마찬가지다)
21	1	**have no special purchase on ~**	~를 확실히 이해하는 특별한 능력을 갖고 있지 않다
		▷ purchase → 구매하다, 구매, 구매한 물품 / 바퀴 등이 지면에 확실히 접촉하는 흡착력, 확실한 이해 　　a purchase on A → A에 확실한 접촉(흡착), A에 대한 확실히 이해(= a good understanding of A)	
	2	**moral or ethical decisions**	도덕적이거나 윤리적인 결정
		▷ moral → 도덕적인, 윤리적인 / immoral → 부도덕한, 비윤리적인 / morality → 도덕적 개념, 도덕성 ▷ ethic → 선악을 판단하는 도덕적 행동 규범, 윤리 / ethical → 윤리적인(= moral) / ethics → 윤리학	
	3	**a climate scientist is not qualified to comment on health care reform**	기후 과학자는 보건 개혁에 대해 언급할 자격이 없다
		▷ qualify → 자격을 주다, 자격을 갖추다 / qualified → 자격을 갖춘 / qualification → 자격 ▷ comment → 언급(발언 = remark) / comment on A → A에 대해 언급하다(= remark on<upon> A) ▷ health care → 의료진들에 의한 치료 및 예방, 보건 / health insurance → 건강 보험 ▷ reform → 더 좋게 바꾸다(개선하다, 개혁하다 = improve), 개선(개혁 = improvement)	

21	4 041 ∨ 045	▶ 'A no more … than B ~'로 'B가 ~아닌 것과 마찬가지로 A는 …이 아닌'을 나타내는 패턴 　Inhaling clean air is **no more** a luxury **than** consuming adequate nutrition is (a luxury). 　= Inhaling clean air is **not** a luxury **any more than** consuming adequate nutrition is (a luxury). 　　충분한 영양을 섭취하는 것이 사치가 아닌 것과 마찬가지로 깨끗한 공기를 들이마시는 것도 사치가 아니다. 　We can **no more** find our own shortcomings **than** we can tickle ourselves. 　= We can**not** find our own shortcomings **any more than** we can tickle ourselves. 　　우리가 우리 스스로를 간지럽힐 수 없는 것과 마찬가지로 우리는 우리 자신의 약점을 발견할 수 없다. 　A climate scientist is **no more** qualified to comment on health care reform **than** a physicist is 　(qualified) to judge the causes of bee colony collapse. 　= A climate scientist is **not** qualified to comment on health care reform **any more than** ~ 　　물리학자가 (여왕벌 및 일벌 등으로 구성된) 벌 군집의 붕괴 원인을 판단할 자격이 없는 것과 마찬가지로 　　기후 과학자는 보건 개혁에 대해 언급할 자격이 없다.	
	5	**a physicist is not qualified to judge the causes of bee colony collapse**	물리학자는 (여왕벌 및 일벌 등으로 구성된) 벌 군집의 붕괴 원인을 판단할 자격이 없다
		▷ physical → 신체의(= bodily), 물리적인 / physics → 물리학 / physicist → 물리학자 / physician → 내과의사 ▷ colony → 식민지, 식물 및 동물의 군집 / colonize → 식민지로 만들다 / colonization → 식민지화 ▷ collapse → 붕괴하다(= cave in, give way), 기절하다(= faint, pass out, black out), 붕괴, 기절	
	6	**the very features that create expertise in a specialized domain**	전문으로 특화된 분야(영역)에서 전문 지식(기술)을 만들어내는 바로 그 특징들
		▷ feature → 특징(= characteristic, attribute, quality, property, trait), 특집 기사, ~을 특징으로 하다 ▷ expert → 전문가, 숙달된(숙련된 = proficient, adept, accomplished) / expertise → 전문 지식(기술) ▷ specialize → 전문으로 특화하다 / specialized → 특화된 / specialization → 특화 분야 / specialty → 특기 ▷ domain → 지배 영토(= territory, realm), 전문 분야·영역(= field, area, realm), 인터넷 주소 도메인	

	7	**lead to ignorance in many others**	많은 다른 것들(다른 분야들)에서 무지를 가져온다
		▷ lead to A → A에 이르다(A를 가져오다 = result in A, bring about A, cause A, give rise to A) ▷ ignorance → 무지, 무식 / ignorant → 무식한 / ignore → 무시·외면하다(= turn a blind eye to ~)	
	8	**in some cases / in many cases**	어떤 경우에 / 많은 경우에
	9	**lay people / layman / hay**	전문가가 아닌 사람들 / 특정 분야의 비전문가 / 건초
	10	**farmers, fishermen, patients, native peoples**	농부들, 어부들, 환자들, 원주민들
	11	**have relevant experiences that scientists can learn from**	과학자들이 배울 수 있는 관련된(적절한) 경험들을 갖고 있다
		▷ relevance → 연관성, 적절함 / relevant → 관련된(적절한= related) / irrelevant → 관련되지 않은	
	12	**scientists have begun to recognize this**	과학자들은 이것(비전문가도 과학자들이 배울 수 있는 관련 경험들을 갖고 있다는 점)을 인식하기 시작했다
		▷ recognize → 전의 경험을 통해 알아채다, 인식하다(= be aware of) / recognition → 알아챔, 인식	
	13	**Arctic Climate Impact Assessment**	북극 기후 영향 평가 (보고서) = ACIA
		▷ Arctic → 북극의 / Antarctic → 남극의 / Antarctica → 남극대륙 ▷ assess → 평가하다(= evaluate, appraise) / assessment → 평가(= evaluation, appraisal)	
21	14	**observe / observation / observance**	관찰하다, 언급하다, 준수하다 / 관찰, 언급 / 준수
	15 046 ∨ 047	▶ '명사 + 과거분사 ~'로 '~된(되는) …'을 뜻하며 수동 관계로 명사를 수식하는 패턴의 예 1 The Arctic Climate Impact Assessment includes observations **gathered** from local native groups. = The Arctic Climate Impact Assessment includes observations **(which are) gathered** from ~. 북극 기후 영향 평가 보고서(ACIA)는 지역의 원주민들로부터 **수집된** 관찰들을 포함한다. Every larger number **(which is) subtracted** from a smaller number yields a negative number. 더 작은 수로부터 **빼진** 모든 더 큰 수는 음수를 내놓는다(음수로 결과가 나온다).	
	16	**our trust needs to be limited, and focused**	우리의 신뢰(특정 분야의 전문가들에 대한 우리의 신뢰)는 제한되고 집중될 필요가 있다
	17	**it needs to be very particular**	그것은(그 신뢰는) 아주 구체적일(특정할) 필요가 있다
	18	**blind trust will get us into ~**	맹목적인 신뢰는 ~속으로 우리를 빠트릴 것이다
		▷ blind → 눈이 먼, 맹목적인 / grind → 갈다, 연마하다(⇒ grind – ground – ground)	
	19	**at least / at most / at best**	적어도 / 많아 봤자 기껏해야 / 아무리 잘해도 기껏해야
	20 048 ∨ 051	▶ '… as much(many) A as ~'로 '~만큼 A …하다'를 나타내는 패턴의 예 Blind trust will get us into at least **as much** trouble **as** no trust at all. 맹목적인 신뢰는 적어도 신뢰가 전혀 없는 것**만큼**의 곤경 속으로 우리를 빠트릴 것이다. What is tricky is that radical reforms are prone to give rise to **as many** conflicts **as** they solve. 난감한 것은 급진적인 개혁은 그것이 해결하는 것**만큼**의 갈등을 유발할 가능성이 있다는 점이다.	

21	**without some degree of trust in our designated experts**	우리의 지정된(지정된 분야의) 전문가들에 대한 어느 정도의 신뢰가 없다면
	▷ designate → 지정(지명)하다 = appoint / designated → 지정(지명)된 / designation → 지정	

22	**devote their lives to sorting out tough questions about ~**	~과 관련된 힘든 문제점들을 잘 해결하는 것에 자신의 삶을 바치다
	▷ devote(dedicate) A to B → A를 B에 쏟아붓다(헌신하다) / devotion → 전념(헌신) / vote → 투표(하다)	
	▷ sort out A → A를 잘 해결하다, A(해결책)를 찾아 내다, A를 정리하다 / sort through A → A를 분류하다	

23
**052
∨
058**

▶ 'to'가 to+v의 to가 아닌 '전치사 to'로 쓰이는 패턴의 예

He reckons that choosing not to be vaccinated against flu **is equivalent to choosing** to drive while drunk.
그는 독감 예방 접종을 맞지 않기로 선택하는 것은 음주 상태로 운전하는 것을 **선택하는 것과 같다**고 믿는다.
→ to가 to+v의 to가 아닌 '전치사 to'인 경우, 뒤에 동사가 올 땐 'choosing' 같은 동명사가 와야 한다.

The men and women who have **devoted** their lives **to sorting** out tough questions about ~
~과 관련된 힘든 문제점들을 잘 해결하는 것에 자신의 삶을 바쳐 왔던 (남녀) 사람들

Your effort to encompass the "learning by doing" technique in the classroom **is essential to keeping** your students actively engaged as opposed to being passive observers or bystanders.
"직접 해 보는 것을 통한 학습" 기법을 교실에 포함해 보고자 하는 당신의 노력은 당신의 학생들을 계속 수동적 관찰자나 방관자가 되게 하는 것과는 정반대로 **계속** 적극적으로 참여하게 **하는 데에** 꼭 필요하다.

24	**the natural world we live in**	우리가 사는 (가공 없이) 자연스럽게 형성된 세계
25	**paralyze / paralyzed / paralysis**	마비시키다 / 마비된 / 마비
26	**in effect / take effect**	사실상(사실 = in fact) / 법률 등이 효력을 발휘하다

27
**059
∨
069**

▶ 주절에 이어 콤마 뒤에서 형성되는 분사 패턴의 예 1

The data are consistent with this hypothesis, **indicating** that soil erosion causes a loss of biodiversity.
그 데이터는 이 가설과 일치하는데, 이것은 토양 침식이 생물다양성의 손실을 유발한다는 것을 **나타낸다**.
→ 콤마 뒤 분사는 앞 주절의 중요한 의미에 이어 정보를 첨가해 설명하는 느낌을 준다.

Fabrics made from elastic fibers expel moisture faster than others, **causing** more contraction.
탄력 있는 섬유로 만든 직물은 다른 직물보다 습기를 더 빨리 배출하는데, 이것은 더 많은 수축을 **유발한다**.

We are paralyzed, in effect **not knowing** whether to make ready for the morning commute or not.
우리는 마비되고 마는데, 사실상 아침 통근을 준비해야 하는지 아닌지를 알지도 못하면서 말이다.
→ 분사의 부정은 'not, never, hardly 등 부정을 나타내는 부사 + 분사' 형태로 나타낸다.

28

▶ 'whether + to+v' 형태의 예

We do not know **whether to make** ready for the morning commute (**or not**).
= We do not know **whether (or not) to make** ready for the morning commute.
= We do not know **whether we should make** ready for the morning commute (**or not**).
= We do not know **whether (or not) we should make** ready for the morning commute.
우리는 우리가 아침 통근을 **준비해야 하는지 아닌지**를 알지도 못한다.

29	**make ready for A / make for A**	A를 준비하다 / A를 가능하게 하다, A를 향해 가다
30	**commute / commuter**	(주거지와 직장 등을 오가며) 통근하다, 통근 / 통근자

21	31	questionable facts that have been popularized by non-experts	비전문가들에 의해 널리 받아들여진 의심의 여지가 있는 사실들
		▷ questionable → 의심의 여지가 있는(= controversial, doubtful) / unquestionable → 의심의 여지가 없는 ▷ popularize → 널리 보급시키다, 대중화시키다 / popularized → 널리 보급된 / popularization → 대중화	
	32	readily applicable information offered by specialized experts	특화된 전문가들에 의해 제공되는 쉽고 빠르게 적용 가능한 정보
		▷ readily → 쉽고 빠르게(= easily, with ease), 기꺼이(= willingly) / readiness → 준비, 기꺼이 하려는 자세 ▷ applicable → 적용 가능한(적용되는)	
	33	common knowledge that hardly influences crucial decisions	중대한 결정에 좀처럼 영향을 미치지 않는 일반적인 지식
		▷ crucial → 굉장히 중요한(중대한 = essential, vital, critical, imperative), 결정적인(= decisive)	
	34	practical information produced by both specialists and lay people	전문가들과 비전문가들 양쪽에 의해 생산되는 실용적인 정보
		▷ practical → 상상 및 이론이 아닌 실용(실질)적인 = realistic / impractical → 비실용적인, 비합리적인	
	35	biased knowledge that is widespread in the local community	지역 사회에서 널리 퍼진 편향된 지식
		▷ bias → 편견, 편견을 갖게 하다(= prejudice) / biased → 편견을 가진(편향된) / unbiased → 편견이 없는	
22	1	environmental hazards include ~	환경적인 위험은 ~를 포함한다
		▷ hazard → 위험성(= danger, risk, peril) / hazardous → 위험한(= dangerous, risky, perilous)	
	2	biological, physical, and chemical	생물학적인, 물리적인, 그리고 화학적인
		▷ biology → 생물학, 특정 지역의 생물 / biological → 생물학적인 / biologist → 생물학자 ▷ chemical → 화학의(화학적), 화학물질 / chemistry → 화학 / chemist → 화학자 / alchemy → 연금술	
	3 070 ∨ 074	▶ 이미 언급한 명사와 같은 종류의 명사를 단수로 받아 주는 one, 복수로 받아 주는 ones Until then, mainstream physicians considered obesity a disease, and a virtually incurable **one**. 그때까지, 주류를 이룬 내과의사들은 비만을 병으로 여겼는데, 실질적으로 고칠 수 없는 **것(병)**으로 여겼다. Environmental hazards include biological, physical, and chemical **ones**. 환경적인 위험들은 생물학적인, 물리적인, 그리고 화학적인 **것들(위험들)**을 포함한다.	
	4	along with the human behaviors that promote or allow exposure	(위험에 대한) 노출을 증진시키거나 허용하는 인간의 행동과 더불어
		▷ promote → 촉진하다(증진시키다), 승진시키다 / promotion → 촉진(증진), 승진 ▷ expose → 노출시키다, 드러내다(= reveal), 경험하게(영향을 받게) 하다 / exposure → 노출, 폭로, 경험	
	5	some environmental contaminants are difficult to avoid	환경 면에서의 어떤 오염 물질들은 피하기가 힘들다
		▷ contaminate → 오염시키다(= pollute) / contaminant → 오염 물질(= pollutant)	

	6	**the breathing of polluted air**	오염된 공기의 호흡
	7	**chemically contaminated public drinking water / tap water**	화학적으로 오염된 공공 식수 / 수돗물(⇒ faucet: 수도꼭지)
	8	**noise in open public spaces**	공개된 공공 장소에서의 소음
	9	**circumstance / circumstantial**	상황(= situations) / 상황(정황)상의, 상세한(= detailed)
	10	**exposure is largely involuntary**	(환경적인 위험에 대한) 노출은 주로 비자발적이다

10행:
▷ largely → 주로(대체적으로 = on the whole, by and large, mostly) / enlarge → 확대하다(= magnify)
▷ voluntary → 대가를 안 받고 자발적인 / involuntary → 의도(자발)적이지 않은, 의지와 상관없이 강제적인

| 22 | 11 | **reduction or elimination of these factors may require societal action** | 이런 요소들(피하기 어려운 위험 및 그에 대한 비자발적 노출)의 감소나 제거는 사회적 행동을 요구할 수도 있다 |

▷ reduce → 줄이다(줄어들다 = decrease, diminish) / reduction → 감소, 복잡한 것을 정리한 단순화
▷ eliminate → 제거하다(= remove, eradicate, get rid of, do away with, root out) / elimination → 제거
▷ factor → 요인(요소), …을 감안해 포함시키다(~ in, ~ into) / sector → 산업·경제 등의 부문(영역)
▷ society → 사회, 협회 / societal → 사회적인(= social) / social → 사회의 / sociology→ 사회학

| | 12 | **such as public awareness and public health measures** | 대중적인 인식과 공공 보건 차원의 조치와 같은 |

▷ awareness → 인식(의식) / aware of A → A를 인식하고 있는 / unaware of A → A를 인식하지 못하는

| | 13 075 ∨ 080 | ▶ '명사 + that절' 형태로 '~다는[~라는] …' 등을 의미하는 동격 패턴의 예 1
He got irritated by her implication **that** he indulged in solitary meditation and avoided company.
그는 그가 고독한 명상에 빠져 남과 어울리는 것을 피한**다는** 그녀의 함축적인 말 뜻에 화가 났다.

The fact **that** some environmental hazards are difficult to avoid at the individual level is felt to be more morally egregious than those hazards that can be avoided.
어떤 환경적인 위험들이 개인적인 차원에서 피하기가 어렵**다는** 사실은 피해질 수 있는 그런 위험들보다 도덕적으로 더 매우 나쁘다고 여겨진다. | |

| | 14 | **at the individual level** | 개인적인 차원(수준)에서 |

| | 15 081 ∨ 091 | ▶ 'be 동사 + believe 및 feel 등 생각·감정·표현 동사의 과거분사 + to+v' 패턴의 예 1
This circulation **is known** to orchestrate the redistribution of heat in the Northern hemisphere.
이 순환은 북반구에서 열의 재분배**를 전체적으로 조정한다고 알려져 있다**.

If a vitamin supplementation **is felt** to be beneficial, it can be obtained without a prescription.
비타민 보충제가 **이로울 것이라고 생각된다(여겨진다)**면, 그것은 처방전 없이도 획득(구매)될 수 있다.

The ingenious medieval craftsman **is thought** to have tried relentlessly to craft compact cannons.
창의적이었던 이 중세 장인은 소형 대포들을 만들어 내려고 중단 없이 계속 **노력했다고 여겨지고 있다**.
→ 생각·감정·표현 동사 시점보다 to+v의 시점이 더 먼 과거일 땐 'to have + 과거분사'로 나타낸다. | |

| | 16 | **more morally egregious than those hazards that can be avoided** | 피해질 수 있는 그런 위험들보다 도덕적으로 더 매우 나쁜 |

17	**have no choice but + to+v**	~할 수밖에 없다 = have no alternative but + to+v

18	▶ '명사 + 과거분사 ~'로 '~된(되는) …'을 뜻하며 수동 관계로 명사를 수식하는 패턴의 예 2 Having no choice but to drink <u>water</u> **(which is) contaminated** with very high levels of arsenic ~ 매우 높은 농도의 비소(유해 중금속)로 **오염된** 물을 마실 수밖에 없는 것은 ~

19	**be forced to passively breathe in tobacco smoke in restaurants**	식당에서 담배 연기를 (개입이나 대응 없이) 소극적으로 들이마실 수밖에 없다

▷ force A to+v → A에게 ~하도록 강요하다 / be forced to+v → ~하도록 강요 받다, ~할 수밖에 없다
▷ passive → 소극·수동적인(↔ active<적극적인>), 수동태의(↔ active<능동태의>) / massive → 거대한, 엄청난

22	20	▶ '동명사 주어 + 단수 동사' 패턴의 예 1 **Having** no choice but to drink water contaminated with very high levels of arsenic, or **being forced** to passively breathe in tobacco smoke in restaurants, **outrages** people. 매우 높은 농도의 비소(유해 중금속)로 오염된 물을 마실 수밖에 없는 **것** 또는 식당에서 담배 연기를 (개입이나 대응 없이) 소극적으로 들이마실 수밖에 없는 **것**은 사람들을 **격하게 분노하게 만든다.** → 'Having ~'과 'being ~'이 or로 이어져 긴 동명사 주어를 형성했다. 주어는 2개이지만 or는 A나 B 중 하나만을 선택하는 것이므로, 동명사 주어는 단수동사라는 원칙에 따라 outrages가 동사로 이어졌다.

	21	**··· outrage people more than the personal choice of whether an individual smokes tobacco**	···는 개인이 담배를 피우는지 않는지에 대한 개인적 선택보다 더 많이 사람들을 격하게 분노하게 만든다

▷ outrage → 분노(= fury, rage), 분노하게 하다 / outrageous → 분노를 유발하는 / gorgeous → 아주 멋진

	22	**these factors are important when ~**	~할 때 이런 요소들은 중요하다

	23 092 ∨ 093	▶ 의문사 덩어리가 '~하는 것' 등의 의미로 명사절을 형성하는 예 These factors are important when one considers **how** change (risk reduction) happens. 이런 요소들은 사람이 **어떻게** 변화가(환경적인 위험의 감소가) 일어나는**지**를 생각해 볼 때 중요하다. → 의문사 덩어리가 형성하는 명사절은 '누가, 무엇을, 언제, 어디서, 왜, 어떻게 ~는지' 등을 나타내며, **'의문사** + 주어 + 동사' 순서인 간접 의문문으로 기능한다. We fantasize about **what** would have come about had we taken different routes in our lives. 우리는 우리의 삶에서 (과거에) 다른 길을 택했더라면 **무엇이** 일어났을 것인**지**에 대해 상상해 본다. → 의문사 what이 주어 기능도 함께 하고 있으므로 '**what**(의문사 겸 주어) + 동사' 패턴이 형성됐다.

23	1	**scientists use paradigms rather than believing them**	과학자들은 패러다임을 믿는다는 것보다는 패러다임을 활용한다

▷ paradigm → 참고 및 모방이 되거나 구성 및 작동을 설명해주는 이론(개념, 모델), 패러다임

	2	**the use of a paradigm in research typically addresses related problems**	연구에서 패러다임의 활용은 전형적으로(일반적으로) 관련된 문제들을 다룬다

▷ typical → 전형적인(일반적인) / typically → 전형적으로(일반적으로) / atypical → 전형적(일반적)이지 않은
▷ address → 주소, 연설(공식적 의사 전달 = speech), 주소를 적다, 연설하다, 문제 등을 다루다(= deal with)
address oneself to A → A에 관심을 기울이다

	3	**employ / employment**	고용하다, 사용하다 / 고용(↔ unemployment<실업>)

23	4	**shared concepts**	공유된 개념들
	5	**symbolic expressions / symbolize**	상징적인 표현들 / 상징하다
	6	**experimental and mathematical tools and procedures**	실험적이고 수학적인 도구들(수단들)과 절차(과정)들
		▷ procedure → 절차(과정 = process, course of action)	
	7	**the same theoretical statements**	동일한 이론적인 발언(발표)
		▷ theory → 이론 / theoretical → 이론적인 / theorize → 이론을 세우다 / theorist → 이론가 ▷ state → 국가, 주, 상태(= condition), 공식적으로 발언하다, 공식적인 발언·발표(= announcement)	
	8	**scientists need only understand how to use these various elements**	과학자들은 어떻게 이러한 다양한 요소들을 활용할 것인지를 이해만 하면 된다
		▷ need only + 동사원형 → (오직) ~만 하면 된다 ▷ element → 가장 기본적 요소(= component), 폭풍·추위 등 악천후(~s) / elementary → 가장 기본적인	
	9	**in ways that others would accept**	다른 사람들이 받아들일 수 있는 방식(패턴)으로
	10	**these elements of shared practice**	공유된 관행의 이러한 요소들
		▷ practice → 습관적이거나 관례적인 패턴(관행 = custom, convention), 연습, 실행(실시)	
	11	**thus**	그래서 = therefor, hence
	12	**need not presuppose any comparable unity in ~**	~ 면에서 그 어떤 비슷한 통일성을 기본 전제로 깔 필요는 없다
		▷ presuppose → ~일 거라고 추정하다(= presume), ~을 기본 전제로 깔다(= have ~ as a precondition) ▷ compare → 비교하다 / comparative → 상대적인 / comparable → 비슷한(= similar), 비교될 만한 ▷ unite → 단결(통일)하다 / united → 단결된(통일된 = unified, integrated) / unity → 단결(통일성, 통합)	
	13	**scientists' beliefs about what they are doing when they use them**	과학자들이 그것들(공유된 관행의 요소들)을 활용할 때 그들이 하고 있는 것에 대한 그들의 믿음(신념)
	14 094 ∨ 096	▶ 단수 명사를 받아주는 it(its), 복수 명사를 받아주는 they(them, their) 1 The final draft revised by them was handed to him, and he dubbed **it** "the splendid work." 　그들에 의해 수정된 최종 초안이 그에게 전달됐고, 그는 **그것**에 "훌륭한 작품"이라는 이름을 붙였다. One role of a paradigm is to enable scientists to work successfully without having to provide a detailed account of what they are doing or what they believe about **it**. 　패러다임의 한 가지 역할은 과학자들이 하고 있는 것 또는 그들이 **그것**에 대해 믿고 있는 것에 대한 세부적 설명을 제공해야 할 필요가 없이 그들이 성공적으로 작업하는 것을 가능하게 해 주는 것이다. These elements of shared practice thus need not presuppose any comparable unity in scientists' beliefs about what they are doing when they use **them**. 　그래서 공유된 관행의 이러한 요소들은 과학자들이 **그것들**(공유된 관행의 요소들)을 활용할 때 그들이 하고 있는 것에 대한 그들의 믿음(신념)면에서 그 어떤 비슷한 통일성을 기본 전제로 깔 필요는 없다.	
	15	**indeed**	사실, 정말로 = in fact, as a matter of fact

16	**one role of a paradigm is to enable scientists to work successfully**	패러다임의 한 가지 역할은 과학자들이 성공적으로 작업하는 것을 가능하게 해 주는 것이다
	▷ enable + A + to+v → A가 ~하는 것을 가능하게 하다	
17	**without having to provide ~**	~을 제공해야 할 필요가 없이
18	**a detailed account of what they are doing or what they believe about it**	그들이 하고 있는 것 또는 그들이 그것에 대해 믿고 있는 것에 대한 세부적인 설명
	▷ account → 계좌, 설명(묘사 = description) / account for A → A를 설명하다, A(비율 등)를 차지하다	
19	14번 설명 참조	
20	**he noted that ~ / noted (for A)**	그는 ~라고 언급했다 / (A로) 유명한= well-known (for A)
21	**scientists can agree in their identification of a paradigm**	과학자들은 특정 패러다임에 대한 그들의 식별(확인) 면에서 합의를 할 수 있다
	▷ identify → 식별(확인)하다 / identify with A → A와 동질감·일체감을 느끼다(= empathize with A) identification → 식별(확인), 신분증, 일체감(공감 = association, empathy) / identity → 정체성	
22	**agree on(upon) A / agreement**	A에 합의(동의)하다 / 합의, 동의
	▷ agree to A → A(제안)에 동의하다(= consent to A) / agree with A → A(사람)와 의견이 같다, A와 같다	
23	**attempt to produce ~**	~를 만들어 내려고 시도하다
	▷ attempt → 시도(노력)하다, 시도(노력) / attempt to+v → ~하려고 시도(노력)하다, ~하려는 시도	
24	**a full interpretation or rationalization**	충분한 설명(해석) 또는 합리화
	▷ interpret → 설명(해석)하다, 통역하다 / reinterpret → 재해석하다 / interpreter → 통역사, 해설자 ▷ rational → 이성적인(합리적인 = logical, reasonable, sensible) / irrational → 비이성(비합리)적인 rationalize → 부정적 상황 등을 합리화하다(= justify) / rationalization → 부정적 상황 등에 대한 합리화	
25 097 ∨ 098	▶ 2개 이상의 동사들이 접속사를 연결 수단으로 동일한 목적어와 이어지는 패턴 They seem to doubt the wisdom of **accepting** and **making the best of** whatever life offers them. 그들은 삶이 주는 모든 것을 그대로 받아들이고 그것을 최대한 활용하라는 지혜에 의구심을 품은 듯 보인다. Thomas Kuhn noted that scientists can agree in their identification of a paradigm without **agreeing on**, or even attempting to **produce**, a full interpretation or rationalization of it. Thomas Kuhn은 과학자들이 패러다임에 대한 충분한 설명 또는 합리화에 합의를 하거나 그것을 만들어 내려고 시도할 필요도 없이 패러다임에 대한 그들의 식별(확인) 면에서 합의할 수 있다고 언급했다.	
26	**lack of a standard interpretation or of an agreed reduction to rules**	표준화된 설명(해석)의 또는 규칙들로 정리되는 합의된 단순화의 부족(부재 = want)
	▷ standard → 기대 수준(표준), 표준화된 / standardize → 표준화하다 / standardization → 표준화	
27	**… will not prevent a paradigm from guiding research**	…는 패러다임이 연구를 인도(안내)하지 못하게 막지 않을 것이다
	▷ prevent A from B → A가 B하지 못하게 막다(= bar<keep, forbid, prohibit, ban> A from B)	

23	28	**difficulty in drawing novel theories from existing paradigms**	기존에 존재하는 패러다임들로부터 새롭고 독창적인 이론들을 이끌어내는 것의 어려움

▷ draw A from B → B로부터 A를 이끌어내다 / draw on(upon) A → A(경험, 지식, 역량 등)를 이용하다
▷ novel → 소설, 독창적인 / novelty → 독창성 / noble → 귀족(의), 고귀한 / shovel → 삽, 삽질하다

29	**significant influence of personal beliefs in scientific fields**	과학적인 분야에 대한 개인적인 믿음(신념)의 상당한 영향력

▷ significant → 주목할 만한(중요한 = important, notable) / insignificant → 중요하지 않은(= trivial)

30	**key factors that promote the rise of innovative paradigms**	혁신적인 패러다임들의 등장(출현)을 촉진하는 주요한 요소(요인)들

▷ innovation → 혁신 / innovative → 혁신적인(= groundbreaking, pioneering) / innovator → 혁신자

31	**roles of a paradigm in grouping like-minded researchers**	마음이 맞는 연구원들을 그룹으로 형성하는 데 있어서 패러다임의 역할

▷ like-minded → 마음이 잘 맞는(= compatible, well suited) / high-minded → 지성과 품격을 갖춘

32	**functional aspects of a paradigm in scientific research**	과학적인 연구에서 패러다임의 기능적인 특성(측면)들

▷ function → 기능(하다), 역할을 하다 / functional → 기능적인 / dysfunction → 기능 장애, 역할 실패
▷ aspect → 특성(= feature, characteristic), 방향(측면 = respect, direction), 외형(= appearance)

24	1	**mending and restoring objects**	물체·물건을 수리하거나 복원하는 것

▷ mend → 수리·치료하다 / bend → 구부리다 / fend off A → A를 막다 / end → 끝, 목표(= aim)
▷ restore → 회복하다, 복구하다 / restoration → 회복, 복구

2	**require even more creativity than original production**	원래의(애초의) 생산보다 훨씬 더 많은 독창성(창의성)을 요구하다

3	**preindustrial blacksmith**	산업화 이전의 대장장이

▷ preindustrial → 산업화 이전의, 산업혁명 이전의
▷ blacksmith → (쇠를 달궈 연장 등을 만드는) 대장장이 / goldsmith → 금세공사

4	**make things to order for people in his immediate community**	바로 가까운 자신의 공동체 내의 사람들을 위해 개별 주문 방식으로 물건들을 만들다

▷ to order → 개별 주문 방식으로 / made-to-order → 개별 주문 방식으로 만들어진(= custom-made)
▷ immediate → 즉각적인, (시간·공간적으로) 가까운 / intermediate → 중급의, 중간의(= halfway)

5
099 v 103

▶ '동명사 주어 + 단수 동사' 패턴의 예 2

Customizing the product, modifying or transforming it according to the user, **was** routine.
사용자에 따라 일부를 바꾸거나 완전히 변형하면서, 제품을 개별 주문자에 맞추는 것이 일상적이었다.
→ 'modifying ~ the user'는 분사로 첨가된 덩어리로, 'Customizing the product'가 동명사 주어다.

As insane as it may sound, **not being** able to get bank loans **seems** to be a blessing in disguise.
정신 나간 듯 들릴 수 있겠지만, 은행 대출을 받을 수 없다는 것은 불행 속의 숨겨진 축복인 것 같다.

6	**customize / customization**	개별 주문에 맞춰 만들다(= tailor) / 개별 주문 제작
7	**modify / modification**	일부를 수정하다(= alter, amend, revise) / 수정(= revision)
8	**transform / transformation**	완전히 바꾸다(= convert) / 완전한 변화(= transition)
9	**according to the user / accordingly**	사용자에 따라(에 맞춰) / 그에 따라, 그래서(= therefore)
10	**routine**	일상적인(= standard, regular), 일상적인 관행(= practice)

11	**customers would bring things back if something went wrong**	고객들은 무엇인가 잘못되면 물건들을 가져오곤 했다
	▷ bring back A → A를 가져오다 / bring up A → A를 키우다(기르다), A(안건, 토론 주제 등)를 제기하다 ▷ go wrong → 실수하다, 잘못되거나 고장 나다 / go along → 계속 진행되다, 동의하고 받아들여 주다	

12	**repair was thus an extension of fabrication**	그래서 수리는 제작(제조)의 연장(확장)이었다
	▷ extend → 늘리다, 확장되다 / extension → 연장, 확장 / extensive → 광범위한(= comprehensive) ▷ fabricate → 만들다(제조하다), 지어내다(날조하다 = make up) / fabrication → 제작(제조), 날조(= lie)	

13	**with industrialization and eventually with mass production**	산업화와 함께 그리고 결국엔 대량 생산과 함께
	▷ eventual → 최종적인(= ultimate, final) / eventually → 결국엔(= in the end, at last) ▷ mass → 대량의, 덩어리, 다수, 군중(대중) / mass production → 대량 생산 / mass media → 대중 매체	

14	**making things became the province of machine tenders with limited knowledge**	물건을 만드는 것은 제한된 지식을 지닌 기계 관리자들의 전문 영역이 됐다
	▷ province → 국가의 행정 지역, 전문 영역(책임 영역) / provincial → 행정 지역의, 관심 영역이 협소한 ▷ tender → 부드러운(= soft), 상냥한, 기계 등의 관리자 / gender → 성별 / engender → 유발하다(= cause)	

15	**repair continued to require a larger grasp of design and materials**	수리는 디자인과 재료에 대한 더 큰 범위의 이해를 계속 필요로 했다
	▷ grasp → 꽉 쥐다(= grip, clutch), 어려운 것을 이해하다(= comprehend), 꽉 쥐기, 이해(= comprehension)	

16	**an understanding of the whole**	전체에 대한 이해

17	**a comprehension of the designer's intentions**	디자인을 한 사람의 의도에 대한 이해
	▷ comprehend → 이해하다 / comprehension → 이해 / comprehensible → 이해될 수 있는 ▷ intend → 의도(계획)하다 / intended → 의도된 / unintended → 의도되지 않은 / intention → 의도, 목표	

18	**manufacturers all work by machinery or by vast subdivision of labour**	제조업자들은 다 기계 장치로 아니면 노동의 거대한 세분화로 일한다
	▷ manufacture → 대규모로 제조하다(= mass-produce), 제조하다 / manufacturer → 제조업자, 제조 회사 ▷ subdivide → 더 작게 나누다(세분화하다) / subdivision → 세분화	

24

19 104 ∨ 105	▶ 비교 및 대조 상황에서 특정한 요소를 부정하는 not의 예 What resonates with me is this: "One **can live** without money, but not without a conscience." 나에게 감동을 주는 것은 이것으로, "사람은 돈 없이는 **살 수 있지**만 양심 없이는 **살 수** 없다"는 것이다. They all **work** by machinery or by vast subdivision of labour and not, so to speak, by hand. 그들은 다 기계장치로 아니면 노동의 거대한 세분화로 **일하며**, 말하자면 손으로 **일하지는** 않는다.	
20	**so to speak**	정확하진 않아도 비슷하게 말하자면(빗대어 말하자면)
21	**Manual of Mending and Repairing**	수선 및 수리에 대한 안내서(설명서)
	▷ manual → 작업 등을 손으로 하는, 안내서(설명서, 지침서 = handbook, instructions)	
22	**repairing must be done by hand**	수리는 손에 의해 행해져야 한다
23	**we can make every detail of a watch or of a gun by machinery**	우리는 기계 장치로 시계 또는 총의 모든 세부 요소를 만들 수 있다

24

24	▶ 단수 명사를 받아주는 it(its), 복수 명사를 받아주는 they(them, their) 2 We can make every detail of a watch or of a gun by machinery, but the machine cannot mend **it** when broken, much less a clock or a pistol! 우리는 기계 장치로 (손목시계 같은) 시계 또는 총의 모든 세부 요소를 만들 수 있지만, 고장이 났을 때 기계는 **그것**(시계 또는 총)을 고칠 수 없는데, 큰 시계나 탄창이 포함된 권총은 더더욱 고칠 수 없다. → 받아주는 대상은 2개(a watch + a gun)이지만, 둘 중 하나를 선택하는 or로 연결돼 있으므로 it을 썼다.
25 106 ∨ 110	▶ '접속사 + 현재분사(능동 및 진행) ~' 및 '접속사 + 과거분사(수동 및 완료) ~' 패턴의 예 1 **When** you **break** out of your comfort zone, you will discover your true passions and willpower. = **When breaking** out of your comfort zone, you will discover your true passions and willpower. 편안히 안주하는 영역을 뚫고 나올 때, 넌 너의 진정한 열정과 의지를 발견할 것이다. → 주어가 능동 → '접속사 + 주어 + 동사'의 축약은 이처럼 접속사의 주어가 주절의 주어와 같을 때 자주 일어나며, 접속사의 주어가 능동이면 '접속사 + 현재분사'로, 수동이면 '접속사 + 과거분사'로 축약될 수 있다. **Though** it had been **broken** into fragments by ancient looting, the tablet stunned archaeologists. = **Though broken** into fragments by ancient looting, the tablet stunned archaeologists. 고대의 약탈에 의해 산산이 파편으로 부서졌지만, 그 판은 고고학자들을 깜짝 놀라게 했다. → 주어가 수동 The machine cannot mend a watch or of a gun **when** it is **broken**. = The machine cannot mend a watch or of a gun **when broken**. 기계는 시계 또는 총이 고장 났을 때 그것을 고칠 수 없다. → 주어가 수동 → 주절 주어와 접속사 주어 it이 다르다. it은 'a watch or of a gun'을 받아준다. 이처럼, 생략된 접속사의 주어가 주절의 주어가 아닌 목적어 등을 받아, 'when broken' 같은 과거분사 패턴으로 쓰일 때도 많다.
26 111 ∨ 118	▶ 'A, much(still) less B'로 'B는커녕[B는 고사하고] A도 아니다'를 나타내는 패턴의 예 The client did not allude to what caused her divorce, **much less** the anguish it entailed. 의뢰인은 그녀의 이혼이 가져온 고통은커녕 무엇이 이혼을 유발했는지에 대해 넌지시 말하지도 않았다. → 'A, let alone B(= A, much<still> less B)': B는커녕 A도 아니다, A가 아닌데 B는 더더욱 아니다 He hardly makes sense of what symmetry is, **let alone** grasps the nuances of patterns. 그는 패턴들의 미묘한 차이를 파악하기는커녕 균형(대칭)이 무엇인지에 대해 이해하는 것도 거의 못한다.
27	**pistol**	탄창(탄환을 넣는 통)이 포함된 권총

24	28	**Still Left to the Modern Blacksmith: The Art of Repair**	현대의 대장장이(생산자 및 기술자)에게 여전히 맡겨진 것: 수리의 기술
		▷ be left (to A) → (A에게) 맡겨지다	
	29	**A Historical Survey of How Repairing Skills Evolved**	수리하는 기술이 어떻게 발전해 왔는지에 대한 역사적 조사
		▷ evolve → 발전·진화하다(시키다) / evolution → 발전, 진화 / evolutionary → 발전의, 진화론적인	
	30	**How to Be a Creative Repairperson: Tips and Ideas**	독창적인(창의적인) 수리 전문가가 되는 방법: 유익한 정보와 아이디어
		▷ tip → 유익한 정보, 끝(정상) / dip → 담그다 / sip → 홀짝홀짝 마시다 / rip → 찢다 / grip → 꽉 쥐다	
	31	**A Process of Repair: Create, Modify, Transform!**	수리의 절차: 만들고, 일부를 바꾸고, 완전히 변화시켜라!
		▷ process → 가공 처리하다, 처리하다(다루다 = handle, deal with, take care of), 과정(절차 = procedure)	
	32	**Can Industrialization Mend Our Broken Past?**	산업화가 우리의 부서진 과거를 고칠 수 있을까?
25	1	**show the percentage share of the global middle class by region**	지역별로 전세계 중산층의 퍼센트 점유율을 보여주다
		▷ upper class → 상류층 / middle class → 중산층 / lower class → 하위 계층 / underclass → 하층민 ▷ region → 지역, 영역, 신체의 부위 / regional → 지역의 / regionalism → 지역주의, 지역에 대한 애착	
	2	**projected share of Asia Pacific**	아시아 태평양의 예상되는 점유율
		▷ project → 작업 프로젝트, 기획된 사업, 계획하다, 투사(발산)하다 / projected → 예상되는(= expected)	

25

3

119
∨
123

▶ it(가주어)과 that~(진주어)로 'it + 분사, 형용사, 명사 + that ~'를 형성하는 예
It is projected **that** the share of the global middle class in Asia Pacific will increase.
= The share of the global middle class in Asia Pacific is projected to increase.
　아시아 태평양 지역의 중산층이 전세계에서 차지하는 비율이 증가할 것**이라고** 예상된다.
It is assumed **that** anger can stem from other emotions, such as anxiety, sorrow, or despair.
= Anger is assumed to stem from other emotions, such as anxiety, despair, sorrow, or despair.
　분노는 근심, 큰 슬픔, 절망 같은 다른 감정으로부터 생겨날 수 있다**고** 추측된다.

4

124
∨
128

▶ 콤마 뒤에서 동격 **명사** 덩어리가 **앞에 언급된 명사 및 상황**을 이어서 추가로 설명하는 예 1
Not only is water indispensable in maintaining life on Earth, but it also serves as **a solvent**, a **substance** used to dissolve another chemically or physically different one.
　물은 지구의 생명을 유지하는 데 없어서는 안 될 뿐만이 아니라, 물은 또한 **용매**로서 기능을 하는데, **용매는** 화학적으로 또는 물리적으로 다른 물질을 용해하기 위해 사용되는 **물질**이다.
The projected share of Asia Pacific in 2025, **the largest** among the six regions, is more than three times that of Europe in the same year.
　2025년 아시아 태평양의 **예상되는 (중산층) 점유율**은, 6개 지역들 중 가장 큰 **비율**인데, 같은 해 유럽의 그것(중산층 점유율)보다 세 배 더 많다.

	5	▶ 앞에 나온 명사를 단수로 받아주는 that, 복수로 받아주는 those 1	
	129 ∨ 131	The projected share of Asia Pacific in 2025, the largest among the six regions, is more than three times **that** of Europe in the same year. 2025년 아시아 태평양의 예상되는 (중산층) 점유율은, 6개 지역들 중 가장 큰 비율인데, 같은 해 유럽의 **그것(중산층 점유율)**보다 세 배 더 많다.	
		Cats develop brain tumors that are usually easier to remove than **those** afflicting dogs. 고양이들은 개들을 괴롭히는 **그것(뇌 종양)**보다 제거하기에 일반적으로 더 쉬운 뇌종양이 생긴다.	

25	6	the shares of Europe and North America are both projected to decrease	유럽과 북미의 (중산층) 점유율은 양쪽 다 감소할 것으로 예상된다
	7	Central and South America is not expected to change	중남미는 변화할 것으로 예상되지 않는다
	8	▶ 앞에 나온 명사를 단수로 받아주는 that, 복수로 받아주는 those 2 The share of the Middle East and North Africa will be larger than **that** of sub-Saharan Africa. 중동과 북미의 (중산층) 점유율은 사하라 이남의 아프리카 지역들의 **그것(점유율)**보다 더 클 것이다.	
	9 132 ∨ 135	▶ '일반동사를 받아주는 do, does, did / be동사를 받아주는 be, is, are, was, were' 패턴의 예 1 The beauty of the iconic TV series is that they resonate with contemporary audiences just as much as they **did** with audiences decades ago, catering to their need for comfort and nostalgia. 그 상징적 TV 시리즈의 매력은 그것이(그 시리즈가) 몇 십 년 전 시청자들에게 **그랬던(감동을 줬던)** 것만큼 지금의 시청자들에게도 감동을 준다는 점인데, 위로와 향수를 바라는 그들의 요구를 충족시키면서 말이다.	
		The share of the Middle East and North Africa will **be** larger than that of sub-Saharan Africa, as it [~~did~~ / was] in 2015. 중동과 북미의 점유율은, 2015년에 그것이(그 점유율이) **그랬던(더 컸던)** 것처럼, 사하라 이남의 아프리카 지역들의 점유율보다 더 클 것이다. → be 동사를 받아줘야 할 때 do 동사를 쓰거나, do 동사를 받아줘야 할 때 be 동사를 쓰면 틀린 표현이다.	

26	1	begin to paint early in his life	그의 삶에서 이른 시기에 그림을 그리기 시작하다
	2	encourage him to study painting	그에게 회화를 공부하도록 자극하다(용기를 북돋우다)
	3	work as an assistant of ~	~의 조수로서 일하다
		▷ assistance → 도움 / assistant → 보조(조수), 손님을 돕는 점원 / assist → 돕다 / insist → 주장하다	
	4	build several churches in a new style in Milan	이탈리아 밀라노에서 새로운 양식으로 몇 개의 교회들을 짓다
	5	have a close relationship with ~	~와 가까운 관계를 유지하다
	6	architecture becomes his main interest	건축(건축술)이 그의 주된 관심 분야가 되다
		▷ architecture → 건축, 건축술, 복잡하고 정교한 구성 / architect → 건축가	
	7	give up A / give up on A	A를 포기하다 / A(사람)에 대한 희망을 버리다

detach	**26**	8	**participate in Pope Julius II's plan for the renewal of Rome** / 로마의 새로운 재건을 위한 교황 율리오 2세(1443년~1513년)의 계획에 참여하다

▷ participate → 참가하다(~ in) / participation → 참가 / participant → 참가자
▷ Pope → 교황(가톨릭 교회에서 가장 높은 성직자)
▷ renew → 다시 새롭게 하다, 갱신하다 / renewal → 재건(복구), 갱신 / renewable → 재건(갱신) 가능한

26

9 **one of the most ambitious building projects in the history of humankind** / 인류 역사에서 가장 의욕적인 건축 프로젝트들 가운데 하나

▷ ambition → 의욕(야망, 꿈 = aspiration, desire) / ambitious → 의욕적인(야망이 넘치는 = aspiring)
▷ humankind → 인류(= mankind) / humane → 인간적인 / inhumane → 비인간적인(= cruel, brutal)

10 **bury / burial / be buried in Rome** / 묻다 / 매장 / 이탈리아 로마에 묻히다

11 **influence architects for centuries** / 여러 세기(세월)에 걸쳐 건축가들에게 영향을 주다

---

1 **join the "No Paper Cup Challenge"** / 종이 컵을 전혀 사용하지 않는 도전에 참여하다

2 **encourage you to reduce your use of paper cups** / 너희들에게 종이 컵 사용을 줄이도록 자극하다

3 (136∨139)
▶ 동명사의 능동과 수동
After **choosing** the poem he had learned by heart during recess, [he] soon recited it flawlessly.
쉬는 시간에 암기했던 그 시를 **선택한** 후에, [그는] 곧 그 시를 완벽하게 암송했다.
→ 동명사와 연결된 주어가 능동일 땐 '~ing', 주어가 수동일 땐 'being + 과거분사' 형태로 표현하는데, 이 문장은 동명사와 연결된 주어 [he]가 '시를 선택하는 주체'이므로 능동 동명사인 'choosing'을 썼다.
After **being chosen**, record a video showing you are using a tumbler.
(행사 참가자로) **선택된** 후에, [네가] 텀블러를 사용하고 있다는 것을 보여주는 비디오를 녹화해라.
→ 이 문장은 동명사와 연결된 주어가 표시돼 있지 않지만 문맥상 'you(너)'가 주어이며, '행사 참가자로 선택이 되는' 입장이기 때문에 수동 동명사인 'being chosen'을 썼다.

27

4 **Record a video showing ~** / ~를 보여주는 비디오를 녹화해라

5 (140∨141)
▶ '명사 + 현재분사 ~'로 '~하는 …'을 뜻하며 능동 관계로 명사를 수식하는 형태의 예 1
After being chosen, record a video **showing** you are using a tumbler.
= After being chosen, record a video **that shows** you are using a tumbler.
(행사 참가자로) 선택된 후에, 텀블러를 사용하고 있다는 것**을 보여주는** 비디오를 녹화해라.
→ 이처럼 '명사 + 현재분사'는 '명사 + 주격 관계대명사 + 동사' 패턴으로 접근해도 좋다.
Most of the teams **contending** for the championship this year have practiced around the clock.
= Most of the teams **which are contending** for the championship this year have practiced ~.
올해 우승을 향해 **경쟁하고 있는** 대부분의 팀들은 쉬지 않고 연습을 해 왔다.

6 **Choose the next participant by saying his or her name in the video** / 비디오 안에 (참가자의) 이름을 말함으로써 다음 순번의 참가자를 선택하라

7 **Upload the video to our school website within 24 hours** / 24시간 안에 우리 학교의 웹사이트에 그 비디오를 업로드해라

27	8	**the student council president will start the challenge**	학생회장이 도전을 처음으로 시작할 것이다
		▷ council → 시의회 등 의회, 조언 등을 제공하는 위원회 / student council → 학생회	
		▷ president → 대통령, 사장, 회장 / presidential → 대통령의 / preside → 책임 지고 관리하다, 주관하다	
	9	**additional information**	추가적인 정보
	10	**the challenge will last for two weeks**	이 도전은 2주 동안 이어진다
	11	**all participants will receive T-shirts**	모든 참가자들은 티셔츠를 받을 것이다
28	1	**marine animals**	해양 동물
		▷ marine → 해양의(바다의), 항해의(= maritime, nautical) / the Marines → 해병대	
	2	**sleepover / fall asleep**	다른 곳에서 자는 행사(파티) / 잠이 들다(= drift off)
		▷ stopover → 여행 도중에 잠깐 들르기, 일시 체류(하는 곳) / leftover → 음식 등이 남은 것, 남은	
	3	**exciting overnight experience**	하룻밤을 보내는 신나는 경험
		▷ overnight → 하룻밤을 보내는, 하룻밤 동안, 성공 및 변화 등이 갑자기(갑작스러운)	
	4	**magical underwater sleepover**	하룻밤을 보내는 마법 같은 수중 경험
	5	**children ages 8 to 12**	8~12세의 어린이들 = children aged 8 to 12
	6	**children must be accompanied by a guardian**	어린이들은 보호자에 의해 동행돼야 한다
		▷ guard → 경계, 보호, 경호원, 지키다 / guardian → 보호자(= protector) / off guard → 방심한 상태에서	
	7	**guided tour, underwater show, and photo session with a mermaid**	가이드가 따라붙는 투어, 수중 쇼, 그리고 인어와 사진 촬영 시간
		▷ guide → 가이드, 안내, 안내하다(유도하다) / misguided → 잘못 알고 있거나 유도된(= erroneous)	
		▷ session → 특정 활동이 이뤄지는 시간(= period, time), 회의, 학교 학년 또는 학기	
		▷ mermaid → 인어 / aid → 원조, 돕다 / raid → 급습(하다) / grade → 성적, 학년 / blade → 날, 풀잎	
	8	**fee / participation fee**	회비 및 입장료 등의 비용 / 참가비
	9	**$50 per person (dinner and breakfast included)**	(저녁과 아침 식사가 포함돼) 한 사람당 50달러
	10	**sleeping bags and other personal items will not be provided**	침낭과 기타 개인 용품들은 제공되지 않을 것이다
	11	**all activities take place indoors**	모든 활동들은 실내에서 열린다(이뤄진다)
		▷ take place → 발생하다(일어나다 = happen, occur, play out), 열리다(개최되다)	
		▷ indoor → 실내의(↔ outdoor<실외의>) / indoors → 실내에서(↔ outdoors<실외에서>)	
	12	**taking photos is not allowed**	사진을 찍는 것은 허락(허용)되지 않는다

29 142 ∨ 144 145 ∨ 152	**Like whole individuals, cells have a life span.**	완전한 형체의 개인들과 마찬가지로, 세포들도 수명을 갖고 있다.

1

▷ whole → 전체의, 완전한 형체 그대로의 / whole grain → (쪼개고 갈지 않은 통째 그대로의) 통곡물
▷ cell → 세포, 교도소 감방, 작은 구성체 / cellular → 세포의, 무선 통신의 / cellar → 지하 와인 저장실
▷ span → 두 시점 간의 기간, 두 지점 간의 길이 / life span → 수명 / attention span → 집중력 지속 시간

2

during their life cycle (cell cycle)	그들의 시작부터 끝까지 생명 사이클 (세포 사이클) 동안

▷ cycle → 계속 반복되는 주기, 자전거(를 타다) / vicious cycle(circle) → 계속 나쁜 것이 반복되는 악순환

3

cell size, shape, and metabolic activities can change dramatically	세포 크기, 모양, 또 생존을 지속하기 위한 물질대사의 활동들이 급격히 변화할 수 있다

▷ dramatic → 극적인, 분명히 차이가 나게 급격한 / dramatically → 극적으로, 분명히 차이가 나게 급격히
  dramatize → 과장을 통해 극적으로 나타내다, 극적으로 각색하다 / dramatization → 극적 요소를 살린 각색

4

a cell is "born" as a twin when its mother cell divides	세포는 엄마 세포가 분리될 때 쌍둥이로서 "태어난다"

5

▶ 주절에 이어 콤마 뒤에서 형성되는 분사 패턴의 예 2
  He suffered severe emotional distress, often **losing** his temper.
  그는 심한 정서적 고통에 시달렸는데, 종종 억제를 못하고 **화를 냈다**.
    → 주절의 주어인 'He'와 연결돼 'losing'이 분사 덩어리를 형성하고 있다.

  She scolded him a lot although he suffered severe emotional distress, often **losing** his temper.
  그가 종종 억제를 못하고 **화를 내며** 심한 정서적 고통에 시달렸음에도 그녀는 자주 그를 혼냈다.
    → 문장 전체의 주어인 She가 주절을 이끌고 있지만, 분사 'losing'은 접속사 덩어리(although ~ temper) 안에서 접속사 주어인 'he'와 연결돼 분사 덩어리를 형성하고 있다.

  A cell is "born" as a twin when its mother cell divides, **producing** two daughter cells.
  엄마 세포가 두 딸 세포들을 **만들어내며** 분리될 때 세포는 쌍둥이로서 "태어난다".
    → 문장 전체의 주어는 A cell이지만, 'producing'은 접속사 덩어리의 주어인 its mother cell과 이어져 있다.

6

except for unusual cases	특이한 경우를 제외하고는 = apart from unusual cases

7

▶ '일반동사를 받아주는 do, does, did / be동사를 받아주는 be, is, are, was, were' 패턴의 예 2
  He disregards intangible rewards like gratefulness or applause as cynically as his late father **did**.
  그는 돌아가신 아버지가 **그랬던 것**처럼(만큼) 냉소적으로 감사 또는 박수 같은 무형의 보상을 무시한다.
    → 'his late father did = his late father disregarded intangible ~'로 접근하면 이해가 쉽다.

  He is as cynical about intangible rewards like compliment or applause as his late father **was**.
  그는 돌아가신 아버지가 **그랬던 것**처럼(만큼) 찬사 또는 박수 같은 무형의 보상에 대해 냉소적이다.
    → 'his late father was = his late father was cynical about intangible ~'로 접근하면 이해가 쉽다.

  He's become as cynical about intangible rewards like praise or applause as his late father **was**.
  그는 돌아가신 아버지가 **그랬던 것**처럼(만큼) 찬사나 박수 같은 무형의 보상에 대해 냉소적으로 변했다.
    → 아버지가 '냉소적으로 변했던 것(become)'이 아니라 '냉소적이었던 것(cynical)'을 비교해서 나타내고자 하는 경우, "his late father was = his late father was cynical about intangible ~'로 접근하면 이해가 쉽다.

  Except for unusual cases, each grows until it becomes as large as the mother cell **was**.
  특이한 경우를 제외하고는, 각각의 딸 세포는 엄마 세포가 **그랬던 것**만큼(처럼) **커지게** 될 때까지 자란다.

8	the cell absorbs water, sugars, amino acids, and other nutrients	그 세포는 물과 당분과 아미노산과 다른 영양소들을 흡수한다

▷ absorb → 흡수하다, 습득하다, 관심을 잡아 끌다 / be absorbed in A → A에 푹 빠지다 / absorption → 흡수
▷ acid → 산성 물질, 산, 신 맛이 나는(= sour), 산성의(= acidic) / acidic → 신 맛이 나는, 산성의
▷ nutrient → 영양소 / nutrition → 영양 / nutritious → 영양가 있는 / nutritionist → 영양 전문가

9	assemble them into new, living protoplasm	그것들을 새롭고 살아있는 (생명 유지를 위해 핵과 세포질을 이루는) 원형질로 모은다(구성한다)

▷ assemble → 모으다(조립하다, 구성하다) / assembly → 조립, 집합, 국회 / disassemble → 분해하다

10	after the cell has grown to the proper size	그 세포가 적절한 크기로 성장한 후에

▷ proper → 적절한(= appropriate) / improper → 부적절한(= inappropriate) / whisper → 속삭이다, 속삭임

11	metabolism shifts	물질대사(신진대사: 생존을 위한 화학적 과정)가 바뀐다

▷ shift → 옮기다, 바뀌다(= alter), 전환, 교대 근무 / sift → 체로 거르다 / lift → 들어올리다, 해제하다

12	as it either prepares to divide or matures and differentiates into a specialized cell	그것이 분리될 준비를 하거나 또는 충분히 발달해서 특화된 세포로 차별화됨에 따라

▷ mature → 성숙한, 충분히 발달하다 / immature → 미성숙한 / premature → 너무 이른, 조산한
▷ differentiate → 차별화하다(구별하다 = distinguish), 차별화되다 / differentiation → 차별화

29

13	▶ 주어에 이어 2개 이상의 동사들이 접속사를 연결 수단으로 이어지는 패턴

After the cell has grown to the proper size, its metabolism shifts as it either **prepares** to divide or **matures** and **differentiates** into a specialized cell.

그 세포가 적절한 크기로 성장한 후에, **그것이** 분리될 **준비를 하거**나 또는 **충분히 발달해서** 특화된 세포로 **차별화됨**에 따라 그것의 물질대사가 바뀐다.
→ 주어 it(= the cell) 뒤에 동사 '**prepares**'와 또 다른 동사 덩어리 '**matures** and **differentiates**'가 이어졌다.

14	growth and development require ~	성장과 발달은 ~을 필요로 한다

15	a complex and dynamic set of interactions involving all cell parts	세포의 모든 부분들을 포함하는 복잡하면서 역동적인 상호작용들

▷ complex → 복잡한(= complicated), 건물들이 모인 복합시설 / complexity → 복잡함(= complication)
▷ dynamic → 역동적인, 변화 등을 자극하는 힘, 상호 연관성, (힘과 운동의 연관성을 다루는) 역학(~s)
▷ interact → 소통하고 어울리는 등의 상호작용을 하다(= interface) / interaction → 상호작용

16 153 ∨ 155	▶ 완벽한 형태의 문장 덩어리를 가져오는 that, 불안전한 문장 덩어리를 가져오는 what

That cell metabolism and structure should be complex would not be surprising.
세포의 물질대사와 구조가 복잡하다**는 것은** 놀랄 만한 것이 아닐 것이다. → that 덩어리가 완전한 문장

What he shows √ with parallel diagonal lines is people's lives stripped of freedom to socialize.
그가 평행 대각선 선들로 보여주려는 **것은** 남과 어울릴 수 있는 자유를 박탈당한 사람들의 삶이다.
→ shown 뒤에 '무엇을 보여줬는지를 나타내는 목적어가 빠진(√)' 불완전 문장이므로 what이 와야 한다.

duplicate [ˈdjuːplɪkeɪt]

29

17 156 ∨ 158	▶ should 덩어리가 감정 판단을 나타내는 형용사와 이어지는 패턴의 예 That cell metabolism and structure **should be complex** would not be surprising. = It would not be surprising that cell metabolism and structure **should** be complex. 세포의 물질대사와 구조가 복잡하다는 것은 놀랄 만한 것이 아닐 것이다. → should는 '명령(권유) 동사' '중요함을 뜻하는 형용사' '감정 형용사' 등과 이어져 쓰일 수 있다. That the government **should be so unresponsive** to those plagued by famine is astonishing. = It is astonishing that the government **should** be so unresponsive to those plagued by famine. 정부가 기아로 고통을 받는 사람들에게 그토록 대응을 하지 않는다는 것은 정말 놀랍다.

18	**they are rather simple and logical**	그것들(세포의 물질대사와 구조)은 다소 단순하면서도 이치에 맞다
	▷ logic → 논리, 논리학 / logical → 논리적인, 이치에 맞는 / illogical → 비논리적인	

19	**even the most complex cell has only a small number of parts**	가장 복잡한 세포조차도 몇 안 되는 부분들(구성 요소들)만을 갖고 있다

at work

20 159 ∨ 160	▶ 분사 앞에 분사의 주어를 넣는 예 The two workers were empowered to make decisions, **(being) responsible** for results. 그 두 직원들은 결정을 내릴 수 있도록 권한이 주어졌는데, 결과에 대해서는 **책임을 졌다**. → 주절의 주어(the two workers)에 이어 분사 덩어리가 형성됐다. 이처럼 being은 생략될 때가 많다. The supervisor empowered the two workers, both **(being) responsible** for results. 관리자는 그 두 직원들에게 권한을 줬는데, 그 둘은 결과에 대해서 **책임을 졌다**. → 주절의 주어는 The supervisor이지만, 책임을 지는 것은 관리자가 아닌 두 직원들임을 나타내야 한다면, 분사 덩어리 앞에 the two workers를 표시해야 하므로 both(그 두 명의 직원들)를 넣어 줬다. Even the most complex cell has only a small number of parts, each √ **responsible** for a distinct, well-defined aspect of cell life. 가장 복잡한 세포조차도 몇 개 안 되는 부분들(구성 요소들)만을 갖고 있는데, 각각의 그 부분들은 세포 생명의 분명하고 확실히 구별되는 특성(측면)에 대해서 **책임을 진다**. → 'be responsible for~'를 기본으로 분사의 주어인 each 뒤에 분사 덩어리 'being responsible for~'가 형성됐는데, being이 생략(√)됐다. 따라서 responsible 자리에 responsibility 등을 쓰면 틀린 표현이다. He had the kids discern the figures, some of them **not √ curious** about the activity at all. 그는 아이들에게 그 모양들을 구별해 보라고 했는데, 그들 중 몇몇은 그 활동에 전혀 **호기심이 없었다**. → 'be curious about ~'에서 being이 생략(√)됐으며, 'not'을 붙여 분사의 부정을 나타냈다.

21	**be responsible for a distinct, well-defined aspect of cell life**	세포 생명의 분명하고 정확히 구별되는 특성(측면)에 대해서 책임을 진다
	▷ distinct → 구별이 분명한 / indistinct → 불분명한 / distinction → 분명한 차이 / distinctive → 독특한 ▷ define → 단어의 의미 등을 정의하다, 분명히 보여주거나 묘사하다 / definition → 정의 ill-defined → 정확히 구별되지 않는 / well-defined → 정확히 구별되는 / well-being → 행복·건강한 상태	

portable [ˈpɔːrtəbl]

30	1	**it has been suggested that ~**	~라고 제시(제안, 암시)돼 왔다
	2	**"organic" method / methodology**	"(화학 비료 등을 안 쓰는) 유기농" 기법(방법) / 방법론

3 161 ∨ 163	▶ 주어와 동사 사이에서 콤마 두 개와 함께 형성되는 분사 덩어리의 예 Most subjects, **defining** those attitudes as overbearing or authoritarian, opted for candidate B. 대부분의 실험 대상자들은, 그 행동을 짜증나게 간섭하거나 권위적인 것으로 정의하며, B 후보를 택했다. 　→ 주어와 동사 사이에서 콤마 두 개와 함께 분사가 위치할 땐, 추가적인 정보 전달 등의 역할을 한다. It has been suggested that "organic" methods, **defined** as those in which only natural products can be used as inputs, would be less damaging to the biosphere. "유기농" 기법들은, 오직 (사람의 힘을 가하지 않은 자연 그대로의) 천연물만 투입 요소로서 사용될 수 있는 기법들로 정의되는데, 생물이 생존하는 생태계에 피해를 덜 끼칠 것이라고 제시돼 왔다. 　→ 주어가 능동일 땐 defining처럼 현재분사를, 주어가 수동일 땐 defined처럼 과거분사를 쓴다.	
4	**be defined as ~**	~로 정의되다
5	▶ 앞에 나온 명사를 단수로 받아주는 that, 복수로 받아주는 those 3 The second answer must be given in the same format as **that** in which the first one was given. 두 번째 답변은 첫 번째 답변이 주어졌던 그것(형식)과 같은 형식으로 주어져야 한다. It has been suggested that "organic" methods, defined as **those** in which only natural products can be used as inputs, would be less damaging to the biosphere. "유기농" 기법들은, 오직 천연물만 투입 요소로서 사용될 수 있는 것들(기법들)로 정의되는데, 생물이 생존하는 생태계에 피해를 덜 끼칠 것이라고 제시돼 왔다.	

30			
6	**only natural products can be used as inputs**	오직 (사람의 힘을 가하지 않은 자연 그대로의) 천연물만 투입 요소로서 사용될 수 있다	
	▷ input → 투입, 투입 요소(재료), 정보 입력 / output → 생산(산출 = production)		
7	**less damaging to the biosphere**	생물이 생존하는 생태계에 피해를 덜 끼치는	
8	**scale / large-scale adoption of "organic" farming methods**	규모, 저울, 물고기 비늘, 정상을 향해 오르다(= climb) / "유기농" 농사 기법들의 대규모 채택	
	▷ scale back(down) → 줄이다 / scale up → 증가시키다 / tip the scales → 한쪽으로 기울게 하다 ▷ adopt → 채택하다(받아들이다), 입양하다, 입장·태도를 취하다(= take on) / adoption → 채택, 입양		
9	**reduce yields**	생산물을 감소시키다	
	▷ yield → 생산(산출)하다, 반대를 접고 받아들이다(~ to), 항복하고 내놓다(= surrender), 생산물, 수익		
10	**crop / increase production costs for many major crops**	농작물, 수확물(= harvest), 잘라내다(= trim), 수확하다 / 많은 주요 농작물에 대한 생산 비용을 증가시키다	
11	**inorganic nitrogen supplies are essential for maintaining ~**	(동식물이 아닌 인위적 화합으로 합성된) 무기 질소 공급은 ~을 유지하는 것을 위해 필수적이다	
	▷ carbon → 탄소 / carbon dioxide → 이산화탄소 / oxygen → 산소 / hydrogen → 수소 / nitrogen → 질소 ▷ essential → 근본적인, 필수적인(= crucial, vital) / essence → 본질 / in essence → 본질(근본)적으로 ▷ maintain → 유지하다, 잘 관리하다, 강하게 주장하다(= assert) / maintenance → 유지, 관리		
12	**moderate to high levels of productivity for crop species**	농작물의 종들에 있어서 중간 정도의 적당한 수준에서 높은 수준까지의 생산성	
	▷ moderate → 중간 정도로 적당한, 성향 등이 중도의, 과하지 않게 줄이다 / temperate → 절제하는, 온화한		

13	organic supplies of nitrogenous materials	화화 비료 등을 쓰지 않는 질소성 물질의 공급
14	either limited or more expensive than inorganic nitrogen fertilizers	제한돼 있거나 또는 (동식물이 아닌 인위적 화합으로 합성된) 무기 질소 비료보다 더 비싼
	▷ fertile → 비옥한, 풍부히 만들어내는, 임신·출산이 가능한 / fertility → 비옥함, 임신·출산 가능성, 다작 infertile → 불모의(= arid, barren) / fertilize → 땅을 비옥하게 하다, 수정시키다 / fertilizer → 비료	
15	in addition / in addition to A	게다가 / A에 덧붙여(= apart from A, over and above A)
16	benefit	이점(이득 = payoff) ↔ 결점(= drawback, downside)
17	extensive use of either manure or legumes as "green manure" crops	"친환경 거름을 쓴" 농작물로서 거름 또는 콩과 식물의 광범위한 사용
	▷ manure → (가축 배설물 등을 썩혀 작물 재배에 쓰는) 거름 / compost → (식물을 썩혀 만든) 퇴비 ▷ green → 친환경적인(= eco-friendly) / go green → 친환경적으로 변화하다 / grin → 방긋 웃다	
18	weed control can be very difficult or require much hand labor	잡초 억제는 매우 힘들 수 있거나 많은 수작업을 필요로 할 수 있다
	▷ weed → 잡초, 잡초를 뽑다 / weed out → 필요 없는 것을 없애다(= remove, get rid of)	
19	if chemicals cannot be used	화학 물질이(화학 비료가) 사용될 수 없다면
20	fewer people are willing to do this work as societies become wealthier	사회가 더 부유해짐에(풍족해짐에) 따라 더 적은 수의 사람들이 이런 일을 기꺼이 하려고 한다
	▷ be willing to+v → 거절하지 않고 기꺼이 ~하려 하다 / willingness → 기꺼이 하려는 적극성 ▷ wealth → 상당한 부(재산) / wealthy → 상당히 부유한(= well-to-do, well-off, affluent)	

30		

| 21

164
∨
171 | ▶ '명사 + 과거분사 ~'로 '~된(되는) …'을 뜻하며 수동 관계로 명사를 수식하는 패턴의 예 3
Some methods **used** in "organic" farming, however, such as the sensible use of crop rotations and specific combinations of cropping and livestock enterprises, can make important contributions to the sustainability of rural ecosystems.
 하지만, 매년 다른 작물을 바꾸어 심는 윤작의 합리적 활용과 함께 작물업과 축산업의 특정한 조합 같은 유기농 농법에서 **사용되는** 몇몇 기법들은 농촌 생태계의 지속 가능성에 중요한 기여를 할 수 있다.
These kinds of anecdotes [-are woven / **woven**] together to provide profound and enlightening ways of figuring out life are what can be utilized to induce students to reflect on who they are.
 삶을 이해하는 심오하고 깨우침을 주는 방법을 전하기 위해 함께 **엮어진** 이런 종류의 일화들은 학생들로 하여금 자신이 누구인지를 되짚어볼 수 있도록 유도하기 위해 활용될 수 있는 것들이다.
 → 'are woven'이면 '엮어진다'가 돼 동사 are 외에 동사가 하나 더 있는 패턴이 되므로 틀린 표현이다. |

22	sensible use of crop rotations	매년 다른 작물을 바꾸어 심는 윤작의 합리적 활용
	▷ sensible → 합리적인(분별력 있는 = reasonable) / sensory → 감각적인 / sensitive → 예민한(= keen) ▷ rotate → 회전하다(= spin, revolve), 교대로 근무하다 / rotation → 회전, 교대 근무, 윤작	
23	specific / specifically	특정한, 구체적이고 정확한 / 특정하게, 구체적으로

	24	**combine A with B / combination**	A와 B를 결합하다 / 결합(조합 = blend, mixture, fusion)
		cropping and livestock enterprises	작물업과 축산업
	25	▷ crop → 농작물(을 생산하다), 싹둑 자르다 / cropping → 농작물 생산 / crop(pop) up → 불쑥 나타나다 ▷ livestock → 소, 돼지, 말 등의 가축 / stock → 재고(품), 저장, 주식, 비축하다(채우다) ▷ enterprise → 도전과 노력을 필요로 하는 일, 기업(업체), 기업가적이고 참신한 능력	
30		**make important contributions to the sustainability of rural ecosystems**	농촌 생태계의 지속 가능성에 중요한 기여를 하다
	26	▷ contribute → 기부(기여)하다 / contribution → 기부(기여) / make a contribution to A → A에 기여하다 ▷ sustain → 지속하다, 지탱하다 / sustainable → 지속 가능한, 파괴를 막아 생태계의 균형을 유지하는 　 unsustainable → 지속할 수 없는(지속 불가능한 = not sustainable) / sustainability → 지속 가능성 ▷ urban → 도시의 / rural → 농촌의 / plural → 복수의(↔ singular<단수의>), 여러 종류로 이뤄진(다원화된) ▷ ecosystem → 생태계, 전체적인 연결 시스템 / eco-friendly → 친환경적인	
	1	**humour involves ~**	유머(= humor)는 ~를 포함한다
		not just practical disengagement but cognitive disengagement	실질적인 분리(이탈)뿐만 아니라 인식상의 분리(이탈)도
	2	▷ not just(only) A but (also) B → A뿐만 아니라 B도 ▷ cognition → 생각·이해·학습 등 과정에서의 인식(= perception, awareness) / cognitive → 인식의 ▷ engage → 고용하다, 관심을 끌다 / engage in A → A에 참여하다 / engagement → 약혼, 약속, 개입 　 disengage → 분리(이탈)하다, 분리시키다, 관계를 끊다 / disengagement → 분리(이탈), 단절	
	3	**as long as something is funny**	무엇인가 재밌는 한(= only if, if and only if)
	4	**for the moment**	(시간이 지나면 바뀔 수 있겠지만) 지금 이 순간만은
31	5	**we are not concerned with whether it is real or fictional, true or false**	우리는 그것이 실제인지 또는 허구인지, 진실인지 또는 거짓인지에 관심이 없다
		▷ be concerned with A → A에 관심이 있다(= be interested in A), A와 관련되다 　 be concerned about(for) A → A에 대해 걱정하다(= be worried about A, be anxious about A) ▷ fiction → 실제가 아닌 허구 / fictional → 실제가 아닌 허구의 / nonfiction → 허구가 아닌 실제	
	6	**this is why ~**	이것은 왜 ~인지의 이유다, 이것은 ~인 것의 이유다
	7	**we give considerable leeway to people telling funny stories**	우리는 재밌는 이야기를 하는 사람들에게 적정한 틀 안에서 원하는 대로 할 수 있는 상당한 자유를 준다
		▷ leeway → 적정한 틀 안에서 원하는 대로 할 수 있는 상당한 자유 ▷ considerable → 크기·수량 등이 엄청난 / considerate → 남을 배려하는 / inconsiderate → 배려하지 않는	
	8	**if they are getting extra laughs**	그들이 (이야기의 반응으로) 추가적 웃음을 받고 있다면
		by exaggerating the silliness	웃김을 과장함으로써
	9	▷ exaggerate → 과장하다(부풀리다 = overstate, magnify, amplify, inflate) / exaggeration → 과장 ▷ silliness → 어리석음, 웃김 / silly → 어리석은, 웃기는 / bully → 약자를 괴롭히다(괴롭히는 사람)	

10	**by making up a few details**	몇 가지 구체적인 요소들을 지어 냄으로써
	▷ make up A → 지어 내다(= fabricate A), A를 구성하다(= compose A) / makeup → 구성, 화장	
11	**we are happy to grant them comic licence**	우리는 재미 허가증(이야기를 마음대로 재밌게 구성해 보라는 허락)을 그들에게 흔쾌히 내준다
	▷ grant → 공식적으로 허가(수여)하다, 지원금, 할당 토지 / take A for granted → A를 당연한 것으로 여기다	
	▷ licence(license) → 공식적인 허가증(면허증), 공식적으로 허가해 주다	

31

12	▶ 콤마 뒤에서 <mark>동격 명사 덩어리</mark>가 <mark>앞에 언급된 명사 및 상황</mark>을 이어서 추가로 설명하는 예 2
	If they are getting extra laughs by exaggerating the silliness of a situation or even by making up a few details, we are happy to grant them **comic licence**, **a kind of poetic licence**.
	그들이 특정 상황에서 웃김을 과장하거나 몇 가지 구체적인 요소들을 지어 냄으로써 추가적 웃음을 받고 있다면, 우리는 **재미 허가증**, **즉 일종의 표현의 효과를 위한 과장 등 창작의 자유**를 그들에게 흔쾌히 내준다.

13	**poetic / poetic licence**	시적인 / 표현의 효과를 살리기 위한 과장 등 창작의 자유
	▷ poet → 시인 / poem → 시(= verse) / poetry → 시 작품들(시집 = poems, verses)	

14 172∨174	▶ 두 개의 관계대명사가 동일한 선행사를 동시에 수식해 연결하는 패턴의 예
	Estimate the number of |people| **who** live in L.A. **who were diagnosed** with pneumonia last year.
	= Estimate the number of |people| **living** in L.A. **who** were diagnosed with pneumonia last year.
	<mark>LA에 **살면서**</mark> 작년에 폐렴으로 **진단을 받았던** 사람들의 수를 추정해 봐라.
	→ 이처럼 첫 번째 '관계대명사 + 동사'를 '분사'로 바꿔 명사를 수식하는 등의 변화도 가능하다.
	|Someone| **listening** to a funny story **who** tries to correct the teller will be told ~
	재밌는 이야기를 **들으면서** 화자의 말에서 틀린 곳을 고쳐 **주려고 하는** |누군가|는 ~라는 말을 들을 것이다.

15	**correct the teller**	화자를(말하는 사람의 말의 틀린 부분을) 고쳐 주다
16	**spill the spaghetti on ~**	~위에 스파게티를 쏟다

17	▶ 주어와 동사가 멀리 떨어져 있어 동사 파악이 혼동되는 예 1
	Indeed, **someone** |listening| to a funny story who tries to correct the teller — 'No, he didn't spill the spaghetti on the keyboard and the monitor, just on the keyboard' — **will** probably **be told** by the other listeners to stop interrupting.
	사실, 재밌는 이야기를 |들으면서| '아니야, 그는 키보드와 모니터 위에 스파게티를 쏟은 게 아니라 그저 키보드에만 쏟았어'라며 화자를(화자의 말의 틀린 부분을) 고쳐 주려고 하는 **누군가는** 이야기를 듣는 다른 사람들에 의해 (이야기에) 끼어들어 말을 끊는 것을 멈추**라고 말을 아마 들을 것이다**.
	→ listening은 someone을 수식하는 현재분사로 기능하고, 문장의 동사는 'will probably be told ~'이다.

18 175∨179	▶ 'be동사 + allow, ask, encourage, tell 등의 과거분사 + to+v' 패턴으로 형성되는 예
	The other listeners will **tell** someone who tries to correct the teller **to stop** interrupting.
	> Someone who tries to correct the teller will **be told** by the other listeners **to stop** interrupting.
	<mark>화자의 말의 틀린 곳을 고쳐 주려고 하는 누군가는 끼어들어 말을 끊는 것을 **멈추라고** 말을 들을 것이다.</mark>
	→ 'allow, ask, tell 등의 동사 + 목적어 + to+v'의 수동태로, 목적어가 주어로 올라간 형태다.
	He **was asked** at the briefing **to specify** the reasons why the concrete barriers had to be erected.
	그는 상황보고 회의에서 콘크리트 장벽이 세워져야 하는 이유를 **구체적으로 설명하라고 요청을 받았다**.
	The clerk **was not allowed** under any circumstance [~~soothed~~ / **to soothe**] furious customers.
	그 점원은 어떤 상황에서도 아주 화가 난 고객들을 **진정시키도록 허락되지 않았다**.

	19	**interrupt** / **interruption**	끼어들어 말을 끊다, 중단시키다 / 방해, 중단
31	20	**the creator of humour is putting ideas into people's heads for the pleasure those ideas will bring**	유머를 만들어 내는 사람은 생각들이 가져다줄 재미를 위해 사람들의 머릿속으로 생각들을 넣어 주고 있다
		▷ for the pleasure → 재미를 위해 / pleasure → 즐거움(= delight, entertainment) / leisure → 여가	
	21	▶ 'not A but B'로 'A가 아니라 B다(A하는 것이 아니라 B하다)'를 나타내는 예 2 The creator of humour is putting ideas into people's heads <u>not</u> **to provide** information <u>but</u> **for the pleasure** those ideas will bring. 　유머를 만들어 내는 사람은 정보를 **제공하기 위해서**가 아니라 생각들이 가져다 줄 **재미를 위해** 사람들의 머릿속으로 생각들을 넣어 주고 있는 것이다. The creator of humour is putting ideas into people's heads **for the pleasure** those ideas will bring, <u>not</u> **to provide** information. 　유머를 만들어 내는 사람은 생각들이 가져다 줄 **재미를 위해** 사람들의 머릿속으로 생각들을 넣어 주고 있는 것이지, 정보를 **제공하기 위해서**가 아니다. 　→ 상황에 따라 'not A but B'를 'B, not A' 형태로 바꿀 수 있다.	
	22	**useful** / **useless**	유용한(= of use, handy) / 쓸모없는(= of no use, in vain)
	23	**alter** / **alternate** / **alternative**	바꾸다 / 번갈아 발생하다, 번갈아 발생하는 / 대안, 대안의
32	1	**News, especially in its televised form, is constituted by ~**	뉴스는, 특히 TV로 전송되는 형식에서는, ~에 의해 구성된다
		▷ televise → TV로 중계하다(= broadcast) ▷ constitute → 구성하다 / constitution → 헌법, 구성, 체질 / constitutional → 헌법의, 구성의, 체질상의	
	2	**not only by … but also by ~**	…에 의해서 뿐만 아니라 ~에 의해서도
	3	**choice of topics and stories**	토픽(다루는 주제)과 스토리(구체적 내용)의 선택
	4	**presentational styles have been subject to a tension between A and B**	뉴스를 보여주는 스타일(뉴스를 방송하는 방식)은 A와 B사이에서 긴장을 겪을 가능성이 계속 있어 왔다
		▷ present → 선물, 현재의, 출석(참석)한, 수여하다(공식적으로 주다), 발표하다, 보여주다(= show) 　presentation → 수여(공식 증정), 발표, 방영, 전시 / presentational → 발표(상영)하는, 보여주는 ▷ be subject to A → A를 겪을(당할) 가능성이 있다 / be subjected to A → A(고통·재해 등)을 당하다 ▷ tension → 팽팽함, 긴장(= strain) / tense → 팽팽한(↔ loose<느슨한>), 긴장된(= strained, on edge)	
	5	**informational-educational purpose**	정보를 전달하는 교육적인 목적
	6	**the need to engage us entertainingly**	재밌게 우리의 관심을 끌어야 할 필요성
		▷ entertain → 즐겁게 해 주다, 손님을 대접하다 / entertaining → 재미를 주는 / entertainingly → 재밌게	
	7	**current affairs programmes**	현재 주목을 받는 국내외 이슈(시사 이슈) 프로그램
		▷ affair → 일, 이벤트 / affairs → 업무, 중요 이슈 / fair → 공정한 / warfare → 전쟁 / fare → 요금	

8	**serious in tone / tone down A**	어조(분위기) 면에서 진지한 / A(강도, 색조)를 낮추다

9 180 ∨ 186	▶ 앞에 콤마가 없는 분사로서 '~하면서' '~해서' 등을 의미하며 문장을 연결하는 예 While current affairs programmes are often 'serious' in tone **sticking to** the 'rules' of balance, more popular programmes adopt a friendly, lighter, idiom. 　현재 주목을 받는 국내외 이슈(시사 이슈) 프로그램들은 <u>균형이라는 '원칙'**을 고수하며**</u> 어조(분위기) 　면에서 종종 '진지'하지만, 더 대중적인 프로그램들은 친근하고 더 가벼운 표현 스타일을 취한다. 　→ 콤마가 없이 분사를 쓰면 분사가 의미 구성에 상당히 중요한 비중을 갖고 있다는 느낌을 준다. They obstinately refused to adapt to the swiftly changing realities, **adhering to** conventional norms. 　그들은 빠르게 변하는 현실에 적응하는 것을 완고하게 거부했는데, <u>관습적 규범**을 고수하며 그랬다**</u>. 　→ 콤마 뒤에 분사를 쓰면 분사는 주절의 중요한 의미에 이어 정보를 단순히 첨가하는 느낌을 준다.

10	**stick to the 'rules' of balance**	<u>균형의(균형이라는) '원칙'</u>을 고수하다
	▷ stick to A → A를 계속 고수하다(= stick with A, adhere to A, abide by A)	

11	**more popular programmes adopt a friendly, lighter, idiom**	더 대중적인 프로그램들은 친근하고 더 가벼운 표현 스타일을 취한다
	▷ light → 빛, 밝은, 가벼운(= lightweight), 주제 등이 가벼운 / lighthearted → 명랑한, 주제 등이 가벼운 ▷ idiom → 'hit the road(길을 떠나다)'와 같은 숙어(관용구), 특색 있는 표현 스타일	

32	12 187 ∨ 189	▶ '장소 명사(선행사)' 또는 '상황의 존재 및 발생을 나타내는 명사'를 수식·연결하는 'in which' We have an ingrained organizational culture **in which** we urge ourselves not to settle for less. 　우리는 목표에 못 미친 결과에 만족하지 않게 스스로를 다그치는 확실히 뿌리 박힌 조직 문화를 갖고 있다. 　→ 'in which'는 구체적 관련 정보가 담긴 완벽한 형태의 덩어리를 가져오고, where로 바꿀 수도 있다. More popular programmes adopt a friendly, lighter, idiom **in which** we are invited to consider the impact of particular news items from the perspective of the 'average person in the street'. 　더 대중적 프로그램들은 <u>우리가 '거리의(사회의) 보통 사람'의 관점으로부터 특정한 뉴스 소재들의 　영향력을 고려해 보도록 유도**되는**</u> 친근하고 더 가벼운 표현 스타일을 취한다.

13	**we are invited to consider the impact of particular news items**	우리는 특정한 뉴스 소재들의 영향력을 고려해 보도록 유도된다
	▷ be invited to+v → ~하도록 요청(유도)되다 / inviting → 매력적으로 끌어당기는(= alluring, tempting)	

14	**from the perspective of the 'average person in the street'**	'거리의(사회의) 보통 사람'의 관점으로부터
	▷ average → 평균(의), 보통의, 평균적으로 ~이다, 평균을 계산하다 / beverage → 음료 　leverage → 영향력(= influence), 지레(lever)로 작용하는 힘, 이익 극대화를 위해 영향력 등을 활용하다	

15	**contemporary news construction has come to rely on ~**	현대의 뉴스 구성은 ~에 의존하게 됐다
	▷ contemporary → <u>현대의</u>, 동시대의 / temporary → 일시적인(= momentary, provisional, transitory) ▷ construct → 건설하다, 형성하다(= formulate) / construction → 건설, 구성 / reconstruct → 재건하다 ▷ come(get) + to+v → ~하게 되다 / when it comes to A → A에 대해 말하자면 ▷ rely on A → A에 의존하다 / reliable → 신뢰할 만한(= trustworthy) / reliability → 신뢰성	

32	**16**	**an increased use of faster editing tempos**	더 빠른 편집 속도의 더욱 증가된 사용
		▷ edit → 편집하다 / editor → 편집자 / editorial → 편집의, 사설 / edition → 제품 버전(= version), 판 ▷ tempo → 음악 등의 템포(속도) / tempos → 진행 속도(= pace)	
	17	**'flashier' presentational styles**	'눈에 띌 정도로 화려한' 보여주는 스타일(방송 방식)
		▷ flashy → 눈에 띄게 화려한 / flash → 반짝이다 / flesh → 살(피부), 과육 / flush → 물을 내리다, 홍조를 띠다	
	18	**including A**	A를 포함해
	19	**logo / log / logging / clog**	로고 / 통나무, 베어내다 / 벌목 / 막히다, 막히게 하다
	20	**sound-bite(= sound bite)**	방송에서 정치인 등의 말 중 일부만 따로 발췌한 부분
	21	**rapid visual cuts**	(불필요한 부분을 없앤) 빠른 속도의 시각적 편집
		▷ rapid → 속도가 빠른(= fast, quick, swift, speedy) / rapids → 강 등의 급류	
	22	**'star quality' of newsreaders**	뉴스 진행자(= newscaster)의 '스타 특유의 능력 및 끼'
		▷ star ~ → ~를 주인공으로 내세우다 / star in ~ → ~에서 주연을 맡다 / starring role → 주연	
	23	**format / popular formats**	배열·진행·저장 등의 형식(포맷) / 대중적인 (방송) 포맷

- 오른쪽 여백 세로 텍스트: 마음을 다잡다, 억제하다 sw___

24 190 v 196	▶ 'be 동사 + believe 및 feel 등 생각·감정·표현 동사의 과거분사 + to+v' 패턴의 예 2 Popular formats can **be said** **to enhance** understanding by engaging an audience. 대중적인 (뉴스) 형식은 시청(청취)자들의 관심을 끌어당김으로써 이해를 증진시킨다고 언급될 수 있다. These ancient nomadic peoples, who are depicted by some scholars as the real originators of Egyptian civilization, **are assumed** **to have fled** to the Nile in the wake of a severe drought. 이 고대 유목 민족은, 일부 학자들에 의해 이집트 문명의 진정한 창시자들로서 묘사되는데, 극심한 가뭄 후에 나일강으로 피했다고 추정되고 있다. → 생각·감정·표현 동사 시점보다 to+v의 시점이 더 먼 과거일 땐 'to have + 과거분사'로 나타낸다.

- 오른쪽 여백 세로 텍스트: A를 억제하다 keep A in ch___

25	**enhance understanding by engaging an audience**	시청(청취)자들의 관심을 끌어당김으로써 이해를 증진시키다
	▷ enhance → 강화하다(= intensify, strengthen), 개선하다(증진시키다 = improve)	

26 197 v 200	▶ '명사 + 형용사 덩어리' 형태로 형용사가 명사를 수식하는 패턴의 예 1 Popular formats can be said to enhance understanding by engaging an audience **unwilling** to endure the longer verbal orientation of older news formats. 대중적 (뉴스) 형식들은 옛날 방식의 뉴스 형식에서 더 길게 이어지는 말 중심의 (보도) 경향을 참아내고 싶어하지 않는 시청(청취)자들의 관심을 끌어당김으로써 (뉴스의) 이해를 증진시킨다고 언급될 수 있다. → 'audience (who are) unwilling ~'에서 'who are'가 생략돼 형용사 'unwilling'만 남은 형태다. A research team comprised of linguists compared bilingual immigrants **fluent** in English and any other language with monolingual Americans **not serious** about acquiring other languages. 언어학자들로 구성된 한 연구팀은 영어와 다른 언어에 유창한 2개 언어를 쓰는 이민자들과 다른 언어를 습득하는 것에 대해 진지하게 접근하지 않은 1개 언어만을 쓰는 미국인들을 비교해 봤다. → 'fluent'는 '(who were) fluent'와 같고, 'not serious'는 '(who were) not serious'와 같다.

- 오른쪽 여백 세로 텍스트: 희미한, 기절하다 fa___

32	27	**be unwilling to endure the longer verbal orientation of older news formats**	옛날 방식의 뉴스 형식에서 더 길게 이어지는 말 중심의 (보도) 경향을 참아내고 싶어하지 않다

▷ be unwilling to+v → ~하기를 주저하다(~하고 싶어하지 않다 = be reluctant<hesitant> to+v)
▷ endure → 고통 등을 겪다(= undergo), 참다(= stand, tolerate, put up with), 오래 지속되다(= last)
　duration → 지속 기간(시간) / durable → 오래 견디는, 내구성이 있는 / durability → 내구성
▷ verbal → 말의(구두의 = oral, spoken) / nonverbal → 제스처럼 말로 표현되지 않은, 말을 못하는
▷ orientation → 신입생(신입사원) 대상 소개행사, 성향(경향 = inclination, tendency), 방향(= direction)

28	**they arguably work to reduce understanding**	그것들(대중적 뉴스 형식들)은 아마 분명히 이해를 감소시키는 효과를 가져온다

▷ arguable → 사실일 수도 있는, 믿을 만한 충분한 이유가 있는 / arguably → 아마 분명히(= probably)

29	**by failing to provide the structural contexts for news events**	뉴스 사건들에 대한 구조적인 맥락(전체적인 큰 틀)을 제공하지 못함으로써

▷ fail to+v → 해야 하는 ~을 하지 못하다 / never fail to+v → 어김없이 언제나 ~하다
▷ structure → 구조(구성 = make-up), 구성하다(형성하다 = arrange, organize) / structural → 구조적인
▷ context → 말 또는 글의 전후 맥락(문맥), 전체적인 상황 / contextual → 문맥의, 전체적인 상황의

30	**coordination with traditional display techniques**	전통적인 표현 기법과의 조화

▷ coordinate → 조화를 이루다, 잘 어울리다, 서로 협력하다 / coordination → 조화, 협력

31	**prompt and full coverage of the latest issues**	최신 이슈에 대한 신속하면서도 전체적인(완전한) 보도

▷ prompt → 신속한(= immediate, rapid, swift), 지체 없이 정확한(= punctual), 자극하다(= spur, propel)
▷ coverage → 다루거나 포함되는 범위, 취재·보도, 방송·광고 등의 도달 범위, 보험 등의 보장
　cover → 다루거나 포함하다(= deal with), 취재·보도하다, 덮다, 보장하다 / covert → 은밀한(= secret)

32	**favour(favor) / educational media contents favoured by producers**	선행(호의), 선호(편애)하다, 지지하다 / 제작자들에 의해 선호되는 교육적인 미디어 콘텐츠

▷ in favor of A → A를 원하는(지지하는), A에 호의적인 / favorable → 호의적인 / favorably → 호의적으로

33	**commitment to long-lasting news standards**	오랫동안 지속되어 온 뉴스의 표준에 대한 입장 고수

▷ commit A → A를 저지르다 / commit A to B → A를 B에 바치다(배정하다) / commit to A → A를 약속하다
　commitment → 약속, 충성(~ to), 입장 및 태도 고수(~ to), 헌신 및 지지(~ to)
▷ long-lasting → 오랫동안 지속되는(= enduring, long-lived) / short-lived → 단명한(= momentary)

34	**verbal and visual idioms or modes of address**	뉴스 전달의 말과 시각과 관련된 표현 스타일 또는 패턴

▷ mode → 방식(= method, way, manner, fashion), 사고 및 행동 패턴, 기계 등의 작동 모드

33	1	▶ '명사 + 형용사 덩어리' 형태로 형용사가 명사를 수식하는 패턴의 예 2 Elinor Ostrom found that there are several factors **critical** to bringing about stable institutional solutions to the problem of the commons. Elinor Ostrom은 공유지 문제에 대한 안정된 제도적 해결책을 생겨나게 하는 것에 **아주 중요한** 몇 가지 요소들이 있다는 것을 알아냈다.	
	2	**be critical to bringing about stable institutional solutions to ~**	~에 대한 안정된 제도적 해결책을 생겨나게 하는 것에 아주 중요한
		▷ critical → 비판적인, 아주 중요한(= crucial) / be critical to A → A에 아주 중요한(= be essential to A) ▷ bring about A → A를 생겨나게 하다(유발하다 = give rise to A) / bring on A → A(안 좋은 것)를 유발하다 ▷ stable → 안정된(↔ unstable<불안정한>) / stabilize → 안정시키다, 안정되다 / stability → 안정성 ▷ institute → 설립(착수)하다, 연구소 / institution → 사회 제도, 기관 / institutional → 사회 제도적인, 기관의 ▷ solution → 해결책, 용액(용해) / resolution → 결심(= determination), 해결(= solution), 해상도(= clarity)	
	3	**the problem of the commons**	(누구든 사용할 수 있는) 공유지와 관련된 문제
	4	**point out that ~ / pinpoint**	~를 지적·언급하다(= mention that ~) / 정확히 짚어 내다
	5	▶ '명사 + 과거분사 ~'로 '~된(되는) …'을 뜻하며 수동 관계로 명사를 수식하는 패턴의 예 4 She pointed out, for instance, that the actors **affected** by the rules for the use and care of resources must have the right to ~. 예를 들어, 그녀는 자원의 사용과 관리에 대한 규칙들에 의해 **영향을 받는** 참여자(행위자)들은 ~할 수 있는 권리를 가져야 한다는 점을 지적(언급)했다.	
	6	**the actors affected by the rules for the use and care of resources**	자원의 사용과 관리에 대한 규칙들에 의해 영향을 받는 참여자(행위자)들
		▷ affect → 영향을 주다, ~인 척하다(= feign, fake), / affection → 좋아하는 감정(애정 = fondness, liking) ▷ resource → 자원, 자금, 능력, 유용한 자료(장소, 시설) / resourceful → 문제를 잘 해결(극복)해 내는	
	7	**must have the right + to+v**	~할 수 있는 권리(= entitlement)를 가져야 한다
	8	**for that reason / reason that ~**	그런 이유 때문에 / ~라고 논리적으로 생각(판단)하다
	9	**monitor / the people who monitor and control the behavior of users**	계속 체크(관찰)하다, 화면(모니터) / 사용자들의 행동을 계속 관찰하고 제어(억제)하는 사람들
	10	**should also be users and/or have been given a mandate by all users**	또한 사용자들이 돼야 하고(하거나) 모든 사용자들에 의한 권한 위임이 주어져 왔다
	11	**this is a significant insight, as it shows that ~**	이것은 ~라는 점을 보여주므로, 상당한 중요성을 지닌 예리한 통찰력(시각)이다
	12	**prospects are poor for a centrally directed solution to the problem of the commons**	공유지 문제에 대해 중앙 컨트롤 방식으로 유도된 해결책의 전망이 좋지 않다
		▷ prospect → 가능성(전망 = possibility, likelihood), 기회(= opportunity) / prospective→ 가능성 있는 ▷ direct → 직접적인, 이끌다(유도하다), 감독하다 / indirect → 간접적인 / direction → 방향, 감독	

(유령) 나타나다, 괴롭히다 **ha____**

입지(인기)를 굳히다 **take h____**

가식적인, 허세를 부리는 **aff____**

33		
13	▶ '명사 + 현재분사 ~'로 '~하는 …'을 뜻하며 능동 관계로 명사를 수식하는 형태의 예 2 ~ **a centrally directed solution** to the problem of the commons **coming** from a state power. 공유지 문제에 대한 국가 권력으로부터 **비롯되는 중앙 컨트롤 방식으로 유도된 해결책** ~	
14	▶ 서로 비교 되는 두 문장의 덩어리가 길어 파악이 쉽지 않은 패턴의 예 This is a significant insight, as it shows that prospects are poor for a centrally directed **solution** to the problem of the commons coming from a state power in comparison with a local **solution** for which users assume personal responsibility. 이것은 사용자들이 개인적 책임을 떠맡는 지역적 **해결책**과 비교해 공유지 문제에 대한 국가 권력으로부터 비롯되는 중앙 컨트롤 방식으로 유도된 **해결책**의 전망이 좋지 않다는 점을 보여주므로, 상당한 중요성을 지닌 예리한 통찰력(시각)이다.	
15	**comparison / in comparison with A**	비교 / A와 비교해(= by comparison with A)
16	▶ '… 전치사 + 관계대명사 ~' 형태의 특징과 활용 1 ~ in comparison with a local solution **(which, that)** users assume personal responsibility **for**. = ~ in comparison with a local solution **for which** users assume personal responsibility. 사용자들이 개인적 책임을 떠맡**는** 지역적 해결책과 비교해 ~이다 → 전치사는 관계사 앞 또는 관계사 덩어리 뒤로 갈 수도 있는데, 뒤로 갈 땐 관계사를 생략할 수 있다.	
17	**assume personal responsibility**	개인적 책임을 떠맡다
	▷ assume → 추정(가정)하다, 특정 역할을 떠맡다, 특성을 띠다 / assumption → 추정(가정), 역할 맡기	
18	**emphasizes the importance of democratic decision processes**	민주적인 결정 과정의 중요성을 강조하다
	▷ emphasize → 강조하다(= stress, highlight, accentuate) / emphasis → 강조 / emphatic → 강하고 분명한 ▷ democracy → 민주주의 / democratic → 민주주의적인	
19	▶ 동사의 목적어로 '명사 덩어리'와 'that절'이 동시에 이어지는 패턴의 예 Ostrom also **emphasizes the importance** of democratic decision processes and **that** all users must be given access to local forums for solving problems and conflicts among themselves. Ostrom은 또 민주적인 결정 과정의 **중요성**과(중요성을 강조하고) 모든 사용자들이 자신들끼리 문제와 갈등을 해결하기 위해 지역 포럼에 접근권이 주어져야 한다**는 것을 강조한다**. → 'emphasize + 명사 덩어리(the importance ~) + and + that절(that all users ~)' 패턴을 형성했는데, 상황에 따라 명사 덩어리 2개가 이어지거나, that절 2개가 이어지는 등의 다양한 패턴도 가능하다.	
20	**all users must be given access to local forums**	모든 사용자들은 지역 포럼(특정 주제에 대한 토론회)에 접근권이 주어져야 한다
	▷ access → 접근(이용), 접근(이용)하다 / accessible → 접근(이용) 가능한 / accessibility → 접근 가능성	
21	**for solving problems and conflicts among themselves**	자신들끼리 문제와 갈등을 해결하기 위한
	▷ conflict → 충돌(= clash), 갈등(의견의 불일치 = disagreement), 충돌하다, 의견이 불일치하다	
22	**political institutions at central, regional, and local levels**	중앙(의), 지역(의), 그리고 지방(의) 차원에서 정치적 제도들

33	23	**must allow users to devise their own regulations**	사용자들로 하여금 자신들 스스로의 규제를 만들도록 허용해 줘야 한다
		▷ <u>devise</u> → 고안하다 / <u>device</u> → 장치, 수단 / <u>advise</u> → 조언하다 / <u>advice</u> → 조언 / <u>advisory</u> → 권고(경고) ▷ <u>regulate</u> → 통제(규제)하다, 조절하다, 관리하다 = control, manage, supervise / <u>regulation</u> → 규제, 규칙	
	24	**independently ensure observance**	독립적으로 (규제에 대한) 준수를 확실하게 보장하다
		▷ <u>dependent</u> → 의존하는 / <u>independent</u> → 독립적인 / <u>interdependent</u> → 서로 의존하는 ▷ <u>ensure</u> ~ → ~를 확실히 하다·보장하다(= assure, make sure ~) / <u>reassure</u> → 안심시키다(= comfort) ▷ <u>observe</u> → 관찰하다, 알아채다, 언급하다, 준수하다 / <u>observation</u> → 관찰, 언급 / <u>observance</u> → 준수	
	25	▶ 접속사를 연결 고리로 2개 이상의 to+v를 잇는 패턴의 예 Political institutions at central, regional, and local levels <u>must allow users **to devise** their own</u> regulations <u>and</u> independently **(to) ensure** observance. 중앙, 지역, 그리고 지방 차원에서 정치적 제도들은 <u>사용자들로 하여금 자신들 스스로의 규제</u>를 만들고 독립적으로 (그 규제에 대한) 준수를 확실하게 보장하도록 허용해 줘야 한다. → 'allow + 목적어 + to+v'에서 to+v 2개(to devise + to ensure)가 연결돼 있으며, 'to ensure'의 to는 생략도 가능하다. 이처럼 to+v의 병렬 패턴이 확실하면 뒤의 to를 생략할 수 있다.	
	26	**participate in decisions to change the rules**	규칙들을 바꾸는 결정에 참여하다
	27	**claim individual ownership of the resources / ownership**	자원에 대한 개인적인 소유권을 주장하다 / 소유권
		▷ <u>claim</u> → ~라고 주장하다(= assert) / <u>reclaim</u> → 되찾다, 땅을 개간하다 / <u>exclaim</u> → 환호하다, 소리치다	
	28	**use those resources to maximize their profits**	그들의 이익을 극대화하기 위해 그 자원을 사용하다
		▷ <u>maximize</u> → 최대로 하다, 극대화하다 / <u>minimize</u> → 최소화하다 ▷ <u>profit</u> → 수익(이익), 이점(= advantage, benefit) / <u>profitable</u> → 이익을 내는, 유익한(= beneficial)	
	29	**demand free access to the communal resources**	공용(공동)의 자원에 대한 자유로운 접근을 요구하다
		▷ <u>communal</u> → 공용의(= shared, common), 공동의(함께 하는 = collective, cooperative)	
	30	**request proper distribution based on their merits**	그들의 장점(강점)에 바탕을 둔 적절한 분배를 정중히 요청하다
		▷ <u>request</u> → 공식적으로 정중히 요청하다(= ask for, call for, petition), 정중한 요청(= petition, plea) ▷ <u>distribute</u> → 분배하다(나눠주다= give out, hand out), 유통시키다 / <u>distribution</u> → 분배, 유통, 확산 ▷ <u>merit</u> → 장점, 강점(= advantage, strength) / <u>demerit</u> → 단점, 좋지 않은 점	
34	1	**precision and determinacy are a necessary requirement for ~**	정확성과 확실히 파악되고 구분되는 특성은 ~를 위한 필요한 요구 조건이다
		▷ <u>precise</u> → 정밀·정확한(= exact, accurate) / <u>precisely</u> → 정확히(= to the letter) / <u>precision</u> → 정밀, 정확 ▷ <u>determine</u> → 결정하다(= dictate) / <u>determination</u> → 결정, 결심 / <u>determinant</u> → 결정 요소 <u>determinacy</u> → 확실히 파악되고 구분되는 특성 / <u>predetermined</u> → 미리 결정된(= prearranged)	

34	2	all <u>meaningful scientific</u> debate	모든 <u>의미 있는 과학적</u> 논쟁
		▷ debate → 논쟁(= argument, controversy), 서로 다른 의견을 놓고 논쟁을 벌이다(= argue about)	
	3	progress in the sciences is, to a large extent, the ongoing process of achieving ever greater precision	과학에서의 발전은 대부분의 경우 훨씬 더 상당한 정확성을 달성하는 지속적인 과정이다
		▷ progress → 발전·발달(하다) / progressive → 점차 발전하는 / in progress → 진행중인(= under way) ▷ extent → 정도(범위, 규모 = range, scope, magnitude) / To what extent ~? → 어느 정도로 ~일까? to an extent → 어느 정도는(= to some extent, to a certain extent) <u>to a large extent</u> → 대부분의 경우(= to a great extent, mostly) ▷ <u>ongoing</u> → 끝없이 지속적인(= continuous, ceaseless, endless) / outgoing → 외향적인 ▷ <u>achieve</u> → 성취하다(달성하다 = accomplish, attain) / achievement → 성취, 달성	
	4	historical representation puts a premium on a proliferation of representations	역사의(역사적으로 다루는) 묘사(설명)는 묘사(설명)의 증식(확산)에 상당한 가치를 둔다
		▷ <u>historical</u> → 역사의(역사와 관련된), 시대순의(= chronological) / historic → 역사적인, 역사적으로 중요한 ▷ <u>represent</u> → 나타내다(설명하다), 상징하다, 대표하다 / <u>representation</u> → 묘사(설명, 표현), 상징, 대표 ▷ <u>proliferate</u> → 수량 면에서 급속히 증가하다 / <u>proliferation</u> → 수량 면에서의 급속한 증가(증식, 확산) ▷ <u>premium</u> → 보험료, 더 높은 가격, 더 높은 가격의, 더 높은 품질 또는 수준의(= superior, premier) <u>put a premium on A</u> → A에 큰 가치를 둔다(= put a high value on A) / millennium → 천 년의 기간	
	5	hence	그래서 = therefor, thus
	6	▶ 'not A but B'로 'A가 아니라 B다(A하는 것이 아니라 B하다)'를 나타내는 예 3 Historical representation puts a premium on a proliferation of representations, hence **not** on the refinement of one representation **but** on the production of a more varied set of representations. 역사의(역사적으로 다루는) 묘사(설명)는 묘사(설명)의 증식에 큰 가치를 두는데, 그래서 한 묘사(설명)에 대한 더 세련된(분명한) 개선(다듬기)이 **아니라** 더욱 다양한 묘사(설명)들의 생산(산출)에 **큰 가치를 둔다**. → 'not on A but on B' 형태로, 'put a premium on'에서 'on'만 따로 떼어내 'not A but B'에 붙여 넣었다.	
	7	refinement of one representation	한 가지 묘사(설명)에 대한 더 세련된(분명한) 개선
		▷ refine → 불순물을 없애 정제하다, 세련되게 개선하다 / refinement → 깨끗한 정제, 개선(더 좋게 다듬기)	
	8	the production of a more varied set of representations	더욱 다양한 묘사(설명)들의 생산(산출)
	9	historical insight	역사적인 면에서의 통찰력(예리한 파악 능력)
	10	▶ 'not A but B'로 'A가 아니라 B다(A하는 것이 아니라 B하다)'를 나타내는 예 4 Historical insight is **not** a matter of a continuous "narrowing down" of previous options, **not** of an approximation of the truth, **but**, on the contrary, is an "explosion" of possible points of view. 역사적인 면에서의 통찰력(예리한 파악 능력)이란 이전 선택들에 대한 지속적인 "좁히기", 즉 사실에 대한 대략적인 근사치가 핵심인 요소가 **아니라**, 그와는 정반대로, 가능성이 있는 관점들의 "폭발적 증가"**이다**. → 'not A but B'에서 'not A'가 'not a matter of a ~'에 이어 동격인 'not of an ~'로 이뤄졌다. 'not of an~'은 'not a matter of an ~'의 축약 형태다. 주어(Historical insight)에 동사 is가 병렬로 이어진 것도 중요하다.	

	11	**a matter of a continuous "narrowing down" of previous options**	이전 선택들(선택들의 폭)에 대한 지속적인 "좁히기"가 핵심인 요소
		▷ a matter of A → A가 핵심인(요구되는) 요소(사안), 불과 A(거리, 수량 등) ▷ <u>previous</u> → 이전의(= past, prior) / previously → 이전에 ▷ <u>narrow</u> → 좁은, 좁히다(좁아지다) / <u>narrow down</u> A → A(가능성 및 선택의 폭)를 좁히다	
	12	**an approximation of the truth**	사실에 대한 <u>대략적인 근사치</u>(근접 = estimate)
		▷ approximate → 대략적인, 대략 비슷하다 / approximately → 대략(= roughly, about, around)	
	13	**on the contrary, ~**	<u>(한데) 그와는 정반대로</u>(그와는 달리), ~다
		▷ contrary → 반대의(= opposite, contradictory) / contrary to A → A와는 반대로	
	14	**point of view / an "explosion" of possible points of view**	<u>관점</u>(견해 = view, standpoint, viewpoint) / 가능성 있는 <u>관점</u>(시각)들의 "폭발(폭발적 증가)"
		▷ explode → 폭발하다(= go off) / <u>explosion</u> → 폭발(폭발적 증가) / explosive → 폭발하는, 폭발물	
	15	**aim at the unmasking of ~**	~에 대한 진실을 드러내는 것에 초점을 맞추다
		▷ mask → 마스크, 가장(위장), 숨기다(= hide) / <u>unmask</u> → 진실·정체를 드러내다(= reveal, uncover)	
34	16	▶ 동일한 전치사로 동일한 패턴을 이어가는 예 1 It therefore aims **at** the unmasking of previous illusions of determinacy and precision by the production of new and alternative representations, rather than **at** achieving truth by a careful analysis of what was right and wrong in those previous representations. 　그래서 그것(역사적인 면에서의 통찰력)은 이전의 묘사(설명)에서 맞고 틀린 것에 대한 신중한 분석을 통해 사실에 도달하는 것**에 초점을 맞추는 것**이 아니라(대신) 새롭고 대안이 되는 묘사(설명)의 생산을 통해 확실히 파악되고 구분되는 특성과 정확성이라는 이전의 착각에 대한 진실을 드러내는 것**에 초점을 맞춘다.** 　→ 'aim at ~(~에 초점을 맞추다)'에서 전치사 at이 'rather than'을 연결 축으로 2개의 덩어리를 형성했다.	
	17	**previous illusions of determinacy and precision**	확실히 파악되고 구분되는 특성과 정확성이라는 이전의 착각
		▷ <u>illusion</u> → 착각(잘못된 믿음 = delusion, misconception), 착시 / illusory → 착각의, 환상의	
	18	**by the production of new and alternative representations**	새롭고 대안이 되는 묘사(설명)의 생산을 통해
	19	**rather than A**	A가 아니라(= not A), A 대신에(= instead of A)
	20	**achieve truth by a careful analysis of what was right and wrong**	맞고 틀린 것에 대한 신중한 분석을 통해 사실에 도달하다
	21	**development of historical insight**	역사적인 면에서의 통찰력의 성장(발전)
	22	**be regarded by the outsider as a process of creating more confusion**	(다양한 설명을 중시한 역사적 관점 밖에 있는) 외부인에 의해 더 많은 혼란을 일으키는 과정으로 여겨지다
		▷ be regarded as A → A로 여겨지다(= pass for<as> A) / regardless of A → A와 상관(관계) 없이 ▷ <u>outsider</u> → (조직 일원이 아닌) 외부자 / insider → (조직 등의 일원으로서 내부 정보를 아는) 내부자	

34	23	a **continuous questioning of** ~	~에 대한 지속적인 질문 제기
	24	▶ 동일한 전치사로 동일한 패턴을 이어가는 예 2 The development of historical insight may indeed be regarded by the outsider **as** a process of creating ever more confusion, a continuous questioning of _____ , rather than , as in the sciences, **(as)** an ever greater approximation to the truth. 역사적인 면에서의 통찰력의 성장(발전)은 과학에서 그러는 것처럼 진실을 향한 훨씬 더 정확한 근사치로 여겨지는 것이 아니라(대신) 사실 (다양한 설명을 중시하는 역사적 관점 밖에 있는) 외부인에 의해 훨씬 더 많은 혼란을 일으키는 과정, 즉 _____ 에 대한 지속적인 질문 제기로 여겨질 수 있다. → 'be regarded as ~'에서 뒤의 as가 생략됐는데, 비교 대상이 확실하면 뒤의 전치사가 생략되기도 한다.	
	25	**criteria for evaluating historical representations**	역사의(역사적으로 다루는) 묘사·설명을 평가하기 위한 판단의 기준(척도)
		▷ evaluate → 평가하다(= assess, appraise) / evaluation → 평가(= assessment) ▷ criteria → criterion(판단의 기준 및 척도)의 복수형 = reference point, point of reference	
	26	**certainty and precision seemingly achieved already**	언뜻 보기에 이미 이뤄진 확실함과 정확성
		▷ seemingly → 겉으로 언뜻 보기에(= apparently, superficially, on the surface)	
	27	**possibilities of alternative interpretations of an event**	특정 상황(사건)에 대한 대안이 되는 해석들의 가능성
	28	**coexistence of multiple viewpoints in historical writing**	역사와 관련된 글에서 다수의 관점들의 공존
		▷ exist → 존재하다 / existence → 존재 / coexist → 공존하다 / preexisting → 전부터 존재해 온	
	29	**correctness and reliability of historical evidence collected**	역사와 관련된 수집된 증거의 정확함과 신뢰성
		▷ evidence → 증거(= proof) / evident → 분명한(= apparent, obvious, overt, plain)	
35	1	**Since their introduction, information systems have substantially changed the way business is conducted.**	도입 이후로, 정보 시스템은 비즈니스가 실행되는 방식을 상당히 변화시켜 왔다.
		▷ substantial → 수량·규모·변화 등이 상당한(= considerable) / substantially → 상당히(= considerably) ▷ conduct → 수행·실행하다(= carry out, implement), 지휘하다, 행위 / misconduct → 잘못된 행위	
	2	**this is particularly true for business in the shape and form of ~**	이것은(이런 상당한 변화는) ~의 형태와 형성에 있어서 사업(업무)에 특히 사실이다
	3	**cooperation between firms that involves an integration of value chains across multiple units**	다수의 구성 단위에 걸쳐 가치 사슬(소비자에게 최고의 상품을 판매하기 위해 기업들이 행하는 일련의 활동)의 통합을 포함한 회사들 사이의 협력
		▷ firm → 회사(= company), 단단한(= solid), 강인한(= strong) / foam → 거품(이 일다) ▷ integrate → 통합하다(= combine, merge) / integration → 통합 / integral → 필수적인(= essential)	

	4	the <u>resulting</u> networks	그 (협력의) 결과로 생겨나는(= resultant) 네트워크
	5	▶ 'not only A but also B'로 'A뿐만이 아니라 B도'를 나타내는 예 The resulting networks (do) **not only** cover the business units of a single firm **but** typically **also** include multiple units from different firms. 그 (협력의) 결과로 생겨나는 네트워크는 한 회사의 사업 단위들을 포함할 **뿐만 아니라** 일반적으로 다른 회사들에서 다수의 (사업) 단위들도 포함한다. → 'do not only cover~'에서 do는 생략이 가능하다. 이때 do는 강조 등을 나타내는 조동사로 기능한다.	
	6	<u>cover</u> the business units of a <u>single</u> firm	한 회사의 사업 단위들을 포함하다
		▷ cover → 다루거나 포함하다(= deal with), 적용되다(= apply to), 취재하다, 덮다, 보험 등으로 보장하다	
	7	<u>include</u> multiple units from different firms	다른 회사들에서 다수의 (사업) 단위들을 포함한다
	8	consequence / as a consequence	결과(= result) / 그 결과(= consequently, as a result)
35	9	firms do not only need to consider their <u>internal</u> organization	회사들은 자신들 내부의 조직을 고려할 필요가 있을 뿐만이 아니라
		▷ internal → 내부의(= interior, inner) / external → 외부의(= exterior, outer) / eternal → 영원한	
	10	in order to <u>ensure</u> <u>sustainable</u> business performance	지속 가능한 사업 수행을 확실히 보장하기 위해
	11	take into account A	A를 고려하다= take A into account(consideration)
	12	the <u>entire</u> ecosystem of units surrounding them	그들을 둘러싸고 있는 단위들의 전체적인 연결 시스템
		▷ entire → 전체의(= whole), 완전한 / entirely → 완전히(= completely, outright) / entirety → 전체	
	13	major companies are <u>fundamentally</u> changing their business models	주요 회사들은 자신들의 비즈니스 모델을 근본적으로 바꾸고 있다
		▷ fundamental → 근본적인(= basic, underlying, root) / fundamentally → 근본적으로	
	14	by focusing on <u>profitable</u> units and cutting off less profitable ones	이익을 내는 (사업) 단위들에 집중을 하고 이익이 덜한 단위들을 잘라 냄으로써(정리함으로써)
	15	in order to allow these different units to cooperate successfully	이런 다른 (사업) 단위들이 성공적으로 협력을 할 수 있도록 하기 위해
		▷ <u>cooperate</u> → 협력하다(= collaborate) / cooperation → 협력(= collaboration)	
	16	the <u>existence</u> of a common platform is <u>crucial</u>	공통의 플랫폼의 존재가 굉장히 중요하다
36	1	according to the <u>market response</u> model / market / marketing	시장 반응 모델에 따르면 / 선전·홍보하다(= promote), 시장 / 제품 선전(홍보) 및 유통 관리

기르다, 촉진하다 fo___

이익(이득)을 거두다 p___ off

활력이 넘치는, 강력한 vig___

36	2 201 ∨ 204	▶ 'it is A that B ~'이 'B인 것은 바로 A다'를 뜻하며 명사, 장소, 시간 등을 강조하는 예 **It is** increasing prices **that** drive providers to search for new sources. (생산품) 제공자들이 새로운 (공급) 소스를 찾도록 유도하는 것은 **바로** 오르는 **가격이다.** **It is** its extraordinary design **that** makes it differ from others and deserve to be desired. 그것이 다른 것들과 비교해 차별화되게 하고 꼭 갖고 싶을 만하게 하는 것은 **바로** 그 독특한 **디자인이다.**	
	3	**drive providers to search for new sources**	(생산품) 제공자들이 새로운 (인력 및 원료 등의 공급) 소스를 찾도록 유도하다
		▷ drive + A + to+v → A가 ~하도록 유도하다 / be driven to+v → ~하도록 유도되다	
	4 205 ∨ 206	▶ 특정 동사를 축으로 여러 개의 같은 패턴이 반복되는 예 After the earthquake subsided, Roy **checked** the ceiling, Tim the basement, and Eric the pillars. 지진이 잠잠해진 뒤에, Roy는 천장을 체크했고, Tim은 지하실을 체크했고, Eric은 기둥을 체크했다. → 'A check B(A가 B를 체크하다)'에서 check를 축으로 여러 개의 같은 패턴이 반복됐다. It is increasing prices that **drive** providers to search for new sources, innovators to substitute, consumers to conserve, and alternatives to emerge. (생산품) 제공자들이 새로운 (공급) 소스를 찾도록 유도하고, 혁신자들이 (무언가를) 대체하도록 유도하고, 소비자들이 아끼도록 유도하고, 또 대안의 요소들이 등장하도록 유도하는 것은 바로 오르는 가격이다. → 'drive + A + to+v(A가 ~하도록 유도하다)'에서 drive를 축으로 여러 개의 같은 패턴이 반복됐다.	
	5	**substitute A for B / substitution**	B를 A로 대체하다(= replace B with A) / 대체
	6	**conserve / conservation**	보호(보존)하다, 아끼다(절약하다) / 보호(보존), 절약
	7	**emerge / emergence / emergency**	등장하다(= appear), 분명해지다 / 등장, 두각 / 응급, 긴급
	8	**many examples of such "green taxes" exist**	그런 "친환경 세금"의 많은 사례들이 존재한다
	9	**face landfill costs**	매립 비용에 직면하다(= face up to, confront)
		▷ landfill → 쓰레기 매립지 / landslide → 산사태 / landmark → 주요 건물, 주요 사건 / land mine → 지뢰	
	10	▶ 주절 앞에서 형성되는 분사 패턴의 예 3 **Facing** landfill costs, labor expenses, and related costs in the provision of garbage disposal, for example, some cities have required households to dispose of all waste in special trash bags. 예를 들어, 매립 비용, 인건비, 쓰레기 처리의 제공에서 관련된 비용에 직면해, 어떤 도시들은 가구들에게 특별한 쓰레기 봉투들에 담아 모든 쓰레기를 없애도록 요구해 왔다. > 능동	
	11	**labor expense**	노동 비용(인건비)
		▷ labor → 노동(력), 분만 진통 / laborer → 노동자 / laborious → 아주 힘든(= strenuous, painstaking) ▷ expense → 비용(= cost) 및 지출(= expenditure) / expensive → 비싼 / inexpensive → 비싸지 않은	
	12	**related costs in the provision of garbage disposal**	쓰레기 처리의 제공에서 관련된 비용
		▷ provision → 공급(제공), 법 등의 조항, 사전 대비, 식량 등 필요 물품(~s) / 식량 등 필요 물품을 제공하다 ▷ dispose of A → A를 없애다 / disposal → 처리(처분) / disposable → 한 번 쓰고 버려지는, 일회용의	

| 36 | 13 | **require households to dispose of all waste in special trash bags** | 가구들에게 특별한 쓰레기 봉투들에 담아 모든 쓰레기를 없애도록 요구하다 |

▷ require + A + to+v → ~에게 ~하도록 요구하다
▷ household → (집에서 함께 사는) 가구, 가족 구성원들, 널리 잘 알려진 / house → 집, 수용하다(들여놓다)
▷ trash → 쓰레기 / smash → 때려 부수다 / crash → 충돌·추락(하다) / clash → 충돌·대립(하다)

14
▶ 주절의 주어가 아닌 다른 명사를 콤마 뒤에서 받아주는 **분사** 패턴의 예
Some cities have required households to dispose of all waste in special trash bags, **purchased** by consumers themselves, and often **costing** a dollar or more each.
어떤 도시들은 가구들에게 특별한 쓰레기 봉투들에 담아 모든 쓰레기를 없애도록 요구해 왔는데, 그 봉투들은 소비자들 스스로에 의해 **구매되고** 종종 하나에 1달러 이상**이 소요된다.**
→ 이 형식은 콤마 뒤 분사 패턴을 관계사 패턴으로 바꿔 접근해도 좋다. 즉, 위 문장은 '…, purchased by ~, and often costing ~'을 '…, which are purchased by ~, and which often cost ~'로 바꿔도 의미 전달은 같다.

15	**purchased by consumers themselves**	소비자들 스스로에 의해 구매된
16	**cost a dollar or more each**	하나에(각각에) 1달러 이상이 소요되다(들다)
17	**taxing certain goods or services, and so increasing prices ~**	특정 제품과 서비스에 세금을 부가하는 것과 그래서 가격을 올리는 것 ~

18
207
∨
214
▶ should가 '(아마) ~일 것이다'를 나타내는 조동사로 쓰이는 경우의 예
Once completed, this magnificent monument **should be** a perpetual symbol of patriotism.
완공이 되면, 이 아름답고 인상적인 기념물은 애국심을 나타내는 영원한 상징이 **될 것이다.**
Labeling all investors as "greedy predators" **should result in** a distorted perception of them.
모든 투자자를 "탐욕스러운 포식자"로 부르는 것은 그들에 대한 왜곡된 인식**을 유발할(가져올) 것이다.**

| 19 | **either decreased use of these resources or creative innovation of new sources or options** | 이런 자원들의 감소된 사용 또는 새로운 공급 소스들이나 선택들에 대한 창의적인 혁신 |

20
▶ 여러 동명사 덩어리들 및 명사 덩어리들이 문장의 주요 구성 요소를 형성하는 예
Taxing certain goods or services, and so **increasing** prices, should result in either **decreased use** of these resources or **creative innovation** of new sources or options.
특정 제품과 서비스**에 세금을 부가하는 것**과 그래서 가격**을 올리는 것**은 이런 자원들의 **감소된 사용** 또는 새로운 공급 소스들이나 선택들에 대한 **창의적인 혁신**을 결국 유발할(가져올) 것이다.
→ 동명사 덩어리인 'Taxing ~'과 'increasing ~'이 주어 자리에 왔고, 동사 'should result in'에서 전치사 in 뒤에 'decreased use ~'와 'creative innovation ~'이 각각 명사 덩어리들을 만들어 목적어를 형성했다.

| 21 | **be raised through the tax** | 그 세금을 통해 모아지다 |

▷ raise → 들어올리다(= hold up), 돈 등을 모으다(= collect), 기르다(= bring up, rear, foster, nurture)

22
▶ '명사 + 과거분사 ~'로 '~된(되는) …'을 뜻하며 수동 관계로 명사를 수식하는 패턴의 예 5
The money **raised** through the tax can be used directly by the government either to supply services or to search for alternatives.
그 세금을 통해서 **모아진** 돈은 서비스를 제공하기 위해서 또는 대안의 요소를 찾기 위해서 정부에 의해 직접적으로 사용될 수 있다.

선별(심사, 차단)하다 sc___

깜짝 놀라다 be taken a___

저명한, 앞에 오는 pro___

36	23	**be used directly by the government either to supply services or to search for alternatives**	서비스를 제공하기 위해 또는 대안의 요소를 찾기 위해 정부에 의해 직접적으로 사용되다
	24	▶ be동사 뒤에 이어지는 2개 이상의 보어 덩어리가 쉽게 파악되지 않는 패턴의 예 The results **have been** greatly increased recycling and more careful attention by consumers to packaging and waste. 그 결과는 상당히 증가된 재활용과 소비자들에 의한 포장과 쓰레기를 향한 더 세심한 관심이었다.	
	25	**greatly increased recycling**	상당히 증가된 재활용
	26	**careful attention by consumers to packaging and waste**	소비자들에 의한 포장과 쓰레기를 향한 세심한 관심
		▷ attention (to A) → (A에 대한) 관심(집중, 주의 = heed) / attentive → 주목하는, 남을 잘 보살피는	
	27	**by internalizing the costs of trash to consumers**	쓰레기의 (처리) 비용을 소비자들에게(소비자들이 내야 하는 비용에) 포함시킴으로써
		▷ internalize → 흡수를 통해 내면화하다, 가격에 환경 부담금 등의 비용을 포함시키다	
	28	**an observed decrease in the flow of garbage from households**	가구(가정)들로부터 나오는 쓰레기의 유입에서 관찰되는 감소세
37	1	**in spite of the likeness between the fictional and real world**	허구의 세상과 실제 세상 사이의 유사점에도 불구하고
		▷ in spite of A → A에도 불구하고(= despite A, for all A, notwithstanding A) ▷ likeness → 유사점(= resemblance, similarity) / liken A to B → A를 B에 비유하다(= compare A to B)	
	2	**the fictional world deviates from the real one**	허구(가상)의 세계는 현실의 세계로부터 벗어난다
	3	**in one important respect**	중요한 한 관점(측면)에서
		▷ in this respect → 이 관점에서(= in this regard, in this aspect) / in all respects → 모든 관점에서	
	4	**the author has selected the content according to ~**	~에 따라 작가는 그 내용을 선택했다
	5	**his own worldview and his own conception of relevance**	그 자신의 세계관과 연관성(적절함)에 대한 그 자신의 개념(생각)
		▷ conception → 고안, 개념(= concept, notion), 임신 / misconception → 잘못된 생각(= fallacy)	
	6	**in an attempt to be neutral and objective or convey a subjective view on the world**	중립적이고 객관적이기 위한 시도이거나 또는 세상에 대한 주관적인 관점을 전달하기 위한 시도로
		▷ neutral → 중립의(= impartial) / neutralize → 반대 작용을 통해 피해 등을 약화시키거나 차단하다 ▷ convey → 물건 등을 보내다(= transport), 감정 등을 전달하다(= communicate, express, transmit)	

7	**Whatever the motives (are), ~**	동기(의도, 이유)가 무엇이든, ~이다
	▷ motive → 동기(의도, 이유 = reason) / motif → 작품에서 반복되는 중심 주제(= theme), 디자인(패턴)	
8	**the author's subjective conception of the world**	세계에 대한 작가의 주관적인 개념(생각)
9	**stand between the reader and the original, untouched world**	독자와 원래 상태 그대로의 세계 사이에 위치하다
	▷ untouched → 원래 상태 그대로의(= intact, unspoiled), 아직 안 다뤄진 / touch on A → A를 짧게 다루다 touched → 감동을 받은(= moved) / touching → 감동을 주는(= moving)	

▶ '… 전치사 + 관계대명사 ~' 형태의 특징과 활용 2

Whatever the motives, the author's subjective conception of the world stands between the reader and the original, untouched world **on which** the story is based.

= ~ the original, untouched world **(which, that)** the story is based **on**.

동기(의도, 이유)가 무엇이든, 세계에 대한 작가의 주관적인 개념(생각)은 독자와 그 이야기가 바탕을 두고 있는 원래의 그 상태 그대로의 세계 사이에 위치한다.

→ 'be based on A(A에 바탕을 두다)'의 on같은 전치사는 관계사 앞과 관계사 덩어리 뒤에 올 수 있다.

Because of the inner qualities **with which** the individual is endowed through heritage and environment, the mind functions as a filter.

= Because of the inner qualities **(which, that)** the individual is endowed **with** through ~

과거의 유산과 환경을 통해 개인이 부여 받은 내면의 특성(특징) 때문에, 마음은 필터로서 기능한다.

11	**because of the inner qualities**	내면의 특성(특징) 때문에
12	10번 설명 참조	
13	**be endowed with A**	자연의 섭리 등으로 A를 부여 받다 = be blessed with A
14	**through heritage and environment**	(과거의) 유산과 (살면서 노출되는) 환경을 통해
15	**the mind functions as a filter**	마음은 (정보 등을 걸러내는) 필터로서 기능한다
16	**every outside impression that passes through it is filtered and interpreted**	그것(필터)을 통과하는 모든 외부의 인상(느낌)은 걸러지고 해석된다

▶ 단수 명사를 받아주는 it(its), 복수 명사를 받아주는 they(them, their) 3

The mind functions as a filter; every outside impression that passes through **it** is filtered.

마음은 필터로서 기능하므로, **그것(필터)**을 통과하는 모든 외부의 인상(느낌)은 걸러진다.

→ 참고로, 세미 콜론(;)은 앞에 나온 문장에 이어, 다양한 접속사 기능으로 문장을 연결한다.

Beware of your friends who flatter you excessively, or else you will be deluded by **them**.

너를 과하게 치켜세우는 네 친구들을 조심해야 하는데, 안 그러면 넌 **그들(그 친구들)**에게 현혹될 것이다.

18	**the world the reader encounters in literature**	문학(글)에서 독자가 마주치는 세계
	▷ encounter → 우연히 마주치다(= run into, bump into), 어려움 등에 맞닥뜨리다, 우연한 만남 ▷ literature → 문학, 책(글) / literary → 문학의 / literate → 읽고 쓸 줄 아는 / literal → 원문 그대로의	

row 10 표 왼쪽: 37, 215 ∨ 218 (행 번호 17)

37	19	**be already processed and filtered by another consciousness**	또 다른 의식에 의해 이미 처리되고 걸러지다
		▷ conscious → 의식이 있는 / consciousness → 인식(의식 = awareness) / unconscious → 의식이 없는	
	20	**the existing world faced by the individual**	개인에 의해 맞닥뜨려지는 실제로 존재하는 세계
	21	▶ '명사 + 과거분사 ~'로 '~된(되는) …'을 뜻하며 수동 관계로 명사를 수식하는 패턴의 예 6 The existing world **faced** by the individual is in principle an infinite chaos of events and details. 개인에 의해 **맞닥뜨려지는** 실제로 존재하는 세계는 대체적으로 사건들과 세부적 요소들의 끝없는 혼란이다.	
	22	**principle / in principle**	원칙, 원리 / 대체적으로(= in general), 이론적으로
	23	**an infinite chaos of events and details**	사건들과 세부적 요소들의 끝없는 혼란
		▷ finite → 한계가 있는(= limited) / infinite → 무한대의(끝없는 = limitless) / infinity → 무한대 ▷ chaos → 혼란(혼돈 = disorder, disarray) / chaotic → 혼돈의(= disorderly)	
	24	▶ 단수 명사를 받아주는 it(its), 복수 명사를 받아주는 they(them, their) 4 The existing world faced by the individual is in principle an infinite chaos of events and details before **it** is organized by a human mind. 개인에 의해 맞닥뜨려지는 실제로 존재하는 세계는 **그것(그 세계)**이 인간의 생각(지능)에 의해 정돈(배열)이 되기 전에는 대체적으로 사건들과 세부적 요소들의 끝없는 혼란이다.	
	25	**be organized by a human mind**	인간의 생각(지능)에 의해 정돈(배열)되다
	26	**this chaos only gets processed and modified when perceived by~**	이런 혼돈(혼란)은 ~에 의해 인식될 때 비로소 처리되고 수정된다
		▷ only … when[after] ~ → ~할 때[~한 후에] 비로소 …하다 ▷ perceive → 인식하다(= recognize, be aware of) / perception → 인식(= recognition)	
	27	▷ '접속사 + 현재분사(능동 및 진행) ~' 및 '접속사 + 과거분사(수동 및 완료) ~' 패턴의 예 2 This chaos only gets processed and modified **when** (it is) **perceived** by a human mind. 이런 혼돈(혼란)은 인간의 생각(지성)에 의해 인식될 때 비로소 처리되고 수정된다. → 주어가 수동	
38	1	**retraining current employees for new positions within the company**	회사 내의 새로운 자리(직책)를 위해 현재의 직원들에게 재교육을 시키는 것
		▷ train → 교육을 받다, 교육을 시키다 / retrain → 업무 이동 등을 위해 재교육을 받다, 재교육을 시키다 ▷ current → 현재의, 강 등의 흐름, 전류 / currently → 현재, 지금 시점에서 / currency → 화폐	
	2	**reduce their fear of being laid off**	해고되는 것에 대한 두려움을 줄이다
		▷ lay off A → 경영난 등으로 A를 해고하다 / be laid off → 해고되다 / layoff → 경영난 등에 의한 해고 lay out A → A를 배열하다(= arrange A), A를 설계하다(= map out A), A를 상세히 설명하다 / layout → 배치	
	3	**introduction of robots into factories**	공장으로 로봇들의 도입
	4	**employment of human workers**	인간 노동자들의 고용

38	5	▶ 주어와 동사가 멀리 떨어져 있어 동사 파악이 혼동되는 예 2 **Introduction** of robots into factories, while employment of human workers is being reduced, [~~create~~ / **creates**] worry and fear. 인간 노동자들의 고용이 감소되고 있는 동안 공장으로 로봇의 **도입**은 걱정과 두려움**을 조성한다**. → 주어 'Introduction'이 단수이므로 이어지는 동사도 단수 동사인 'creates'가 와야 한다.	
	6	**create worry and fear**	걱정과 두려움을 조성한다(만들어 낸다)
	7	**the responsibility of management**	경영진의 책임
	8 219 ∨ 227	▶ it(가주어)과 to+v(진주어)로 'it + 형용사 또는 명사 + to+v ~'를 형성하는 예 **It** is unjust and absurd **to suggest** that heavy fines be imposed for minor driving offenses. 경미한 교통 위반에 상당한 액수의 벌금이 부과돼야 한다고 **제안(주장)하는 것은** 부당하고 터무니없다. **It** is the responsibility of management **to prevent** or, at least, **to ease** these fears. 이러한 두려움을 **막는 것** 또는 적어도 **완화시키는 것은** 경영진의 책임이다. **It** was a marvelous experience **for** the kids **to see** chicks hatch and salmon spawn in person. 새끼새들이 부화하고 연어가 알을 낳는 것을 직접 아이들이 **봤던 것은** 정말 놀라운 경험이었다. → 이 패턴에서 to+v 앞의 'for + 명사(주격 및 소유격 대명사)'는 to+v의 주어로 기능을 한다.	
	9	**prevent or, at least, ease the fears**	두려움을 막거나 또는 적어도 완화시키다
		▷ ease → 편안함(= comfort), 쉬움, 덜다(완화시키다 = relieve, alleviate) / with ease → 쉽게(= easily)	
	10	**robots could be introduced only in new plants**	로봇들은 새로운 공장들에서만 도입될 수 있을 것이다
		▷ plant → 심다, 몰래 두다(설치하다), 식물, 공장(= factory) / power plant → 전력을 생산하는 발전소	
	11	**rather than replacing humans in existing assembly lines**	기존에 있던 조립 라인에서 사람들을 (기계로) 대체하는 것 대신에
		▷ replace A → A를 (다른 것으로) 대체하다(= displace A) / replace A with B → A를 B로 대체하다	
	12	**workers should be included in the planning for ~**	~을 위한 계획 수립에 노동자들이 포함돼야 한다
	13	**the introduction of robots into existing plants**	기존에 있던 공장들로 로봇들의 도입
	14	**~, so they can participate in the process**	~인데, 그래서(그렇게 포함이 돼서) 그 (계획 수립) 과정에 그들(노동자들)이 참여할 수 있게 된다
	15 228 ∨ 234	▶ 'it is that ~'[그것은 ~(때문)이다]와 'it is not that~'[그것은 ~(때문)이 아니다] 패턴의 예 If she seems awkward or restless, **it may be that** she is not ready for subsequent phases. 그녀가 어색하거나 안절부절못하는 듯 보이면, **그것은** 그녀가 다음 단계들에 준비가 안 된 것**일 수 있다**. He felt miserable. **It was not that** he fell for the trick, **but that** it betrayed his lack of experience. 그는 비참했다. **그것은** 그 속임수에 속았**기 때문이 아니라**, 그것이 그의 경험 부족을 드러냈**기 때문이다**.	
	16	**robots are needed to reduce manufacturing costs**	제조 비용을 줄이기 위해 로봇들이 필요되다

17	▶ '… so that ~'이 '~하도록(~하기 위해) …하다'를 의미하는 패턴의 예 It may be that robots are needed to reduce manufacturing costs **so (that)** the company remains competitive. 　그것은 로봇들이 회사가 경쟁력 있는 상태를 유지하**도록** 제조 비용을 줄이기 위해 필요되기 때문일 수 있다. 　→ 'so that'에서 that 생략이 가능하다. so 앞에 콤마가 붙으면 '그래서 ~하다'가 돼 의미가 달라진다.	
18	**the company remains competitive**	회사가 경쟁력이 있는 상태를 유지하다
	▷ compete → 경쟁하다 / competitive → 경쟁력이 있는, 우위를 차지하려고 경쟁하는	
19	**planning for such cost reductions should be done jointly by ~**	그런 비용 감소를 위한 계획 수립은 ~에 의해 공동으로 행해져야 한다
	▷ joint → 관절, 공동의(합동의 = united, communal, collective) / jointly → 공동으로(합동으로)	
20	**labor and management**	노사(노동자와 사용자, 노동자와 경영진)
21	**since robots are particularly good at highly repetitive simple motions**	굉장히 반복적인 단순한 동작들을 로봇들이 특히 잘하기 때문에
	▷ be good at A → A를 잘하다(= be adept at A) / be bad(poor) at A → A를 못하다	
	▷ repetition → 반복 / repetitive → 반복적인 / repeat → 반복하다, 따라하다 / defeat → 패배(시키다)	
22	**the replaced human workers should be moved to positions where ~**	(로봇에 의해) 대체되는 인간 노동자들은 ~인 위치(직책)들로 이동돼야 한다

38

23 235 ∨ 238	▶ '장소 명사(선행사)' 또는 '상황의 존재 및 발생을 나타내는 명사'를 수식·연결하는 where Since robots are good at highly repetitive simple motions, the replaced human workers should be moved to positions **where** judgment and decisions beyond the abilities of robots are required. 　로봇들은 굉장히 반복적인 단순한 동작들을 잘하기 때문에, (로봇에 의해) 대체되는 인간 노동자들은 로봇들의 능력을 능가하는 판단과 결정들이 요구되**는** 위치(직책)들로 이동돼야 한다. 　→ 'where'는 구체적 관련 정보가 담긴 덩어리를 이끌어 오고, in which 등으로 바꿀 수 있다. You may end up with a dilemma **where** you must discard valid evidence showing your innocence. 　당신은 당신의 무죄를 보여주는 타당한 증거를 버려야 하**는** 딜레마(난처한 상황)에 결국 처할 수 있다.

24	**judgment / judgment and decisions beyond the abilities of robots**	판단, 판결 / 로봇들의 능력을 능가하는 판단과 결정들
	▷ judge → 판사, 심사위원, 판결하다 / judgmental → 쉽게 단정하는 / nonjudgmental → 쉽게 단정하지 않는	

25 239	▶ 관계사 덩어리에 들어간 동사의 능동과 수동이 혼동되는 패턴의 예 You can see a broad spectrum of society √ the city's populations **represent**. 　당신은 그 도시 사람들이 **보여주는** 사회의 (계층 등의 면에서) 폭넓게 분포된 범위를 확인할 수 있다. 　→ '도시 사람들이 보여주는 분포 범위'를 의미하며 represent(능동)가 쓰였고, 목적격 관계사는 생략(√)됐다. You can see a broad spectrum of society that has [~~addressed~~ / **been addressed**] by artists. 　당신은 예술가들에 의해 **다뤄져 온** 사회의 (계층 등의 면에서) 폭넓게 분포된 범위를 확인할 수 있다. 　→ 예술가들에 의해 '다뤄 온 범위'로 능동이 아니라, '다뤄져 온 범위'를 뜻하는 수동이 맞다. ~ positions where judgment and decisions beyond the abilities of robots [~~require~~ / **are required**]. 　로봇들의 능력을 능가하는 판단과 결정들이 **요구되는** 위치(직책)들 ~ 　→ '판단과 결정들이 요구하는 위치'로 능동이 아니라, '판단과 결정들이 요구되는 위치'를 뜻하는 수동이 맞다.

39 240 ∨ 242	1	**as long as the irrealism of the silent black and white film predominated**	무성 흑백영화의 현실과 괴리를 나타내는 비현실주의가 지배적 위치를 차지하는 한
		▷ as(so) long as ~ → ~하는 한 / as yet → 지금껏 아직 / as for(to) A → A와 관련해 / as of ~ → ~ 현재로 ▷ realism → 현실을 그대로 묘사하는 현실주의 / irrealism → 현실과 괴리를 나타내는 비현실주의 ▷ silent → 고요한, 소리를 내지 않는, (영화) 무성의 / silent movie → 무성 영화 ▷ predominate → 지배적 위치를 차지하다(=dominate), 다수를 차지하다 / predominant → 지배적인		
	2	**one could not take filmic fantasies for representations of reality**	사람은(영화 관객은) 영화의 상상(공상) 세계를 현실의 표현으로 받아들일 순(생각할 순) 없었다
		▷ take A for B → A를 B로 받아들이다(생각하다) / mistake A for B → A를 B로 착각하다 ▷ fantasy → 상상(공상 = imagination), 상상의 세계를 담은 작품 / fantasize → 상상하다(= imagine)		
	3	▶ 'not A but B'로 'A가 아니라 B다(A하는 것이 아니라 B하다)'를 나타내는 예 5 Cinema is valuable **not** for its ability to make visible the hidden outlines of our reality, **but for** its ability to reveal what reality itself veils — the dimension of fantasy. 영화는 우리 현실의 숨겨진 윤곽을 보이게 만들어 주는 능력 때문이 **아니라**, 현실 자체가 숨기고 있는 것, 즉 상상(공상)의 측면을 드러내 주는 능력 **때문에** 가치가 있다.		
	4	▶ '동사 + 목적어 + 목적격 보어'를 '동사 + 목적격 보어 + 목적어' 순서로 바꾼 패턴의 예 Cinema is valuable not for its ability to **make** the hidden outlines of our reality **visible**,~ = Cinema is valuable not for its ability to **make visible** the hidden outlines of our reality, ~ 영화는 우리 현실의 숨겨진 윤곽을 **보이게 만들어 주는** 능력 때문에 가치가 있는 것이 아니라, ~ → 목적어가 길거나 동작을 강조할 때 '동사 + 목적격 보어 + 목적어' 순서로 문장을 형성할 수 있다. With concerted action, they **kept** the legacy and spirit of regional integration **alive**. = With concerted action, they **kept alive** the legacy and spirit of regional integration. 일치된(조화를 이룬) 행동을 통해, 그들은 지역 통합의 유산과 정신을 **살아 있도록 유지했다.**		
	5	**the hidden outlines of our reality**	우리 현실의 숨겨진 윤곽(= contours)
	6	**reveal what reality itself veils**	현실 그 자체가 숨기고 있는 것을 드러내다
		▷ reveal → 몰랐던 점 등을 보여주다(드러내다 = let on ↔ conceal<숨기다>) / revelation → 폭로, 공개 ▷ veil → 얼굴을 가리는 베일, 숨기다(= cover, conceal) / unveil → 처음으로 드러내다(= reveal, disclose)		
	7	**the dimension of fantasy**	상상(공상)의 측면
		▷ dimension → 길이·높이 등 수치(측정치), 직선·평면·공간 등 차원, 특성(측면 = aspect, feature)		
	8	**this is why, to a person, the first great theorists of film decried ~**	누군가의 관점에서 (봤을 때), 이것은 최초의 위대한 영화 이론가들이 ~을 공공연히 비난했던 이유다
	9	**introduction of sound and other technical innovations that pushed film in the direction of realism**	현실주의의 방향으로 영화를 밀고 나아갔던 소리 및 다른 기술적인 혁신의 도입
	10	**Since cinema was an entirely fantasmatic art, ~**	영화는 전체적으로 상상의 예술이었기 때문에, ~했다

39	11	**these innovations <u>were</u> <u>completely</u> <u>unnecessary</u>**	이런 혁신들은 <u>완전히</u> 불필요했다
		▷ complete → 완전한, 완성하다 / deplete → 고갈시키다 / delete → 없애다 / obsolete → 쓸모가 없어진	
	12	**what's worse / for better or for worse**	설상가상으로 / 좋든 싫든(= no matter what happens)
	13	**they could do nothing but turn filmmakers and audiences away from ~**	그것(소리 및 다른 기술적 혁신)들은 영화 제작자들과 관객들을 ~로부터 멀어질 수 있게 했을 뿐이다
		▷ do·does(did) nothing but + 동사원형 → 오직 ~할(했을) 뿐이다 / nothing but A → 오직 A만 ▷ turn A away from B → A를 B로부터 멀어지게 하다	
	14	**fantasmatic dimension of cinema**	영화가 지닌 상상의 측면
	15	**potential / potentially**	잠재적인(= soon-to-be), 잠재적 능력 / 잠재적으로
	16	▶ 주절에 이어 콤마 뒤에서 형성되는 분사 패턴의 예 3 They could do nothing but turn filmmakers and audiences away from the fantasmatic dimension of cinema, potentially **transforming** film into a mere delivery device for representations of reality. 　그것(소리와 다른 기술적 혁신)들은 영화 제작자들과 관객들을 영화가 지닌 상상의 측면으로부터 멀어질 수 있게 했을 뿐인데, 이것은 잠재적으로 영화를 현실의 표현을 위한 단순한 전달 수단으로 **완전히 바꿨다**.	
	17	**transform film into a mere delivery device for representations of reality**	영화를 현실의 표현을 위한 단순한 전달 수단으로 완전히 바꿨다
		▷ transform A into B → A를 B로 완전히 바꾸다	
	18	**sound and color threatened to create just such an illusion**	소리와 색깔이 그냥 그런 착각을 생겨나게 하겠다는 위협을 했다
		▷ threat → 위협(= intimidation) / threaten [to+v] → [~하겠다고] 위협하다(= intimidate)	
	19	**… thereby**	…해서 결과적으로 = as a result of …, because of …
	20	▶ 주절에 이어 콤마 뒤에서 형성되는 분사 패턴의 예 4 Sound and color threatened to create just such an illusion, thereby **destroying** the very essence of film art. 　소리와 색깔이 그냥 그런 착각을 생겨나게 하겠다는 위협을 했는데, 그렇게 해서 결과적으로 영화 예술의 바로 그 본질을 **파괴(훼손)하겠다는 것이었다**. 　→ 'thus, hence, thereby'는 '그래서' '결과적으로' 같은 결과의 느낌으로 분사와 함께 쓰일 때가 많다.	
	21	**destroy the very essence of film art**	영화 예술의 바로 그 본질을 파괴(훼손)하다
		▷ destroy → 파괴하다(= demolish, ruin) / destructive → 파괴적인(= ruinous) / destruction → 파괴 ▷ very + 명사 → very가 '바로 그'를 의미하는 형용사로 기능하며 명사를 강조	
	22	**As Rudolf Arnheim <u>puts</u> it, ~**	Rudolf Arnheim이 <u>언급하고 있는</u> 것처럼, ~
	23	**the creative power of the artist can only come into play**	예술가의 창의력이 비로소 영향을 끼칠 수 있다(이용될 수 있다)
		▷ A come into play → A가 영향을 끼치다(A가 작동하기 시작하다), A가 (특정 목적을 위해) 이용되다	

39	24 243 ∨ 247	▶ 선행사 없이 where가 '~인 곳' '~인 곳에' '~인 곳에서' '~인 곳으로' 등을 뜻하는 다양한 패턴	

▶ 선행사 없이 where가 '~인 곳' '~인 곳에' '~인 곳에서' '~인 곳으로' 등을 뜻하는 다양한 패턴

We gazed at **where** he was pointing and found two creeks converging to form a waterfall.

= We gazed at **the place where** he was pointing and found two creeks converging to form ~

우리는 그가 가리키**는 곳**을 응시했고 두 개의 개울이 하나로 합쳐져 폭포를 이루는 것을 발견했다.

The pieces of the pottery vase lay shattered **where** he'd tripped and tumbled.

= The pieces of the pottery vase lay shattered **at the place where** he'd tripped and tumbled.

도자기 꽃병 파편들이 그가 걸려 넘어져 굴렀**던 곳에** 산산조각이 난 채 깔려 있었다.

The creative power of the artist can only come into play [~~what~~ / **where**] reality and the medium of representation do not coincide.

예술가의 창의력은 현실과 표현의 매개 수단(전달 및 표현 수단)이 완전히 일치하진 않**는 곳에서** 비로소 영향을 끼칠 수 있다(이용될 수 있다).

→ where나 when 등은 뒷문장 구성이 완전하므로, 불완전한 문장을 데려오는 what은 틀린 표현이다.

25	**reality and the medium of representation do not coincide**	현실과 표현의 매개 수단(전달 및 표현 수단)이 완전히 일치하진 않다

▷ medium → 매개 수단(전달·표현 수단), 미디어, 중간 사이즈, 중간의 / auditorium → 대강당, 대강의실
▷ coincide → 완전히 일치하다, 동시에 발생하다 / coincidence → 우연의 일치, 동시 발생

40	1	**suggest that ~**	~라는 점을 나타내다(암시하다), ~해야 한다고 제안하다
	2	**there are two possible alternatives among philosophical theories of explanation**	설명에 대한 철학적인 이론들 중에 두 가지의 가능성 있는 대안들이 있다

▷ philosophy → 철학 / philosophical → 철학적인 / philosopher → 철학자
▷ explain → 설명하다 / explanation → 설명 / explanatory→ 설명하는(= explaining)

	3	▷ '명사 + that절' 형태로 '~다는[~라는] …' 등을 의미하는 동격 패턴의 예 2	

▷ '명사 + that절' 형태로 '~다는[~라는] …' 등을 의미하는 동격 패턴의 예 2

One is the view **that** scientific explanation consists in the unification of broad bodies of phenomena under a minimal number of generalizations.

하나는(한 가지 대안은) 과학적 설명이 일반화들을 최소화하는 틀 내에서 폭넓은 현상들의 통합에 있**다는** 시각(관점)이다.

		scientific explanation consists in the unification of broad bodies of phenomena	과학적 설명의 핵심은 폭넓은 현상들의 통합에 있다

| | 4 | ▷ A consist in B → A의 핵심은 B에(B하는 데) 있다 / A consist of B → A는 B로 구성돼 있다(이뤄져 있다) | |

▷ A consist in B → A의 핵심은 B에(B하는 데) 있다 / A consist of B → A는 B로 구성돼 있다(이뤄져 있다)
▷ unify → 통합시키다(통일하다 = unite, bring together) / unification → 통합, 통일
▷ body → 몸, 글의 본문, 천체 등 독립적인 형성체, 단체 등 조직, 증거들 및 현상들처럼 관련된 것들
▷ phenomenon → 기이한 현상(상황), 대단한 인물(것) / phenomena → phenomenon의 복수형

	5	**under a minimal number of generalizations**	일반화들의 최소한의 숫자 내에서 → 일반화들을 최소화하는 틀 내에서

▷ minimal → 최소한의(↔ maximal<최대한의>) / minimum → 최소[최소한의](↔ maximum<최대, 최대한의>)
▷ general → 일반적인 / generalize → 개별 사례들을 더 큰 범위로 일반화하다 / generalization → 일반화

	6	the (or perhaps, a) goal of science is to construct ~	과학의 진정한(또는 아마도 하나의) 목표는 ~를 형성해(만들어) 내는 것이다
	7	an economical framework of laws or generalizations that are capable of subsuming ~	~를 포함할 수 있는 법칙들 및 일화화들에 대한 효율적으로 최소화 된 틀
		▷ economic → 경제의, 경제적인 면에서의 / economical → 소비 등을 최소로 줄이거나 절약해 효율적인 ▷ framework → 기본적인 틀(구성 뼈대 = frame) ▷ capable → 할 수 있는 / be capable of A → A를 할 수 있는 / capability → 능력	
	8	all observable phenomena	모든 관찰 가능한 현상들
	9	scientific explanations organize and systematize our knowledge of the empirical world	과학적인 설명들은 경험적인 세계에 대한 우리의 지식을 구성하고 체계화한다
		▷ systematic → 체계적인 / systematize → 구성·분류 등을 체계화하다 / systematization → 체계화 ▷ empirical → 이론이 아닌 경험·관찰 등에 바탕을 둔, 경험적인 / heuristic → 직접 경험을 통해 터득하게 하는	
40	10 <u>248</u> ∨ <u>252</u>	▶ 콜론(:)과 세미 콜론(;)의 특징 및 예 We have **two choices:** probe for the cause of the defect and fix it or leave it as it is. 　우리에게 **두 선택지**가 있는데, **그것은** 결함의 원인을 조사해 고치거나 결함을 그대로 내버려두는 것이다. 　→ 콜론은 앞에 나온 특정 단어나 덩어리에 대해 추가적이면서 구체적인 설명을 한다. He struck us as a highly qualified applicant for the position**; we** decided to hire him immediately. 　그는 상당히 자격이 출중한 지원자라는 인상을 우리에게 줬는**데, 그래서** 우리는 그를 즉시 고용키로 했다. 　→ 세미콜론은 and(그리고), but(하지만), so(그래서) 같은 다양한 접속사 기능으로 앞뒤 문장을 연결한다. We vigorously rebelled against him**; he** despised whatever we did and asserted his authority over us. 　우리는 그에게 강하게 반항했는**데,** 그는 우리가 한 모든 걸 깔봤고 우리를 향한 권위를 주장했**기 때문이었다.**
	11	▶ 'the + 비교급 + (S+V) ~, the + 비교급 + (S+V) …'로 '~하면 할수록 …하다'를 나타내는 예 Scientific explanations organize and systematize our knowledge of the empirical world; **the more economical** the systematization, **the deeper** our understanding of what is explained. 　과학적인 설명들은 경험적인 세계에 대한 우리의 지식을 구성하고 체계화하는데, 즉(그래서) 체계화가 더욱 최소로 줄어들어 효율적이 되면 될수록, 설명되고 있는 것에 대한 우리의 이해는 더욱 깊어진다.	
	12	the more economical the systematization (is)	체계화가 더욱 최소로 줄어들어 효율적이 되면 될수록
	13	the deeper our understanding of what is explained (gets)	설명되고 있는 것에 대한 우리의 이해는 더욱 깊어진다
	14	the other view is the causal/ mechanical approach	또 다른 관점은 특정한 결과를 유발하는(인과관계가 있는)/기계적인 접근법이다
		▷ causal → 특정한 결과를 유발하는(= causative), 인과관계가 있는 / causality → 인과 관계, 인과성 ▷ mechanical → 기계의, 감정이 없이 기계적인(= automatic, unemotional) / botanical → 식물의 식물성의 ▷ approach → 접근하다, 접근법(관점 = perspective, viewpoint)	

15	**a scientific explanation of a phenomenon consists of ~**	한 현상의 과학적인 설명은 ~로 구성돼 있다
16	**uncovering the mechanisms that produced the phenomenon of interest**	관심의 대상이 된 현상을 만들어냈던 전체적인 구조를 밝혀내는 것
	▷ uncover → 비밀 등을 밝혀내다(= discover), 덮개를 벗겨내다 / undercover → 비밀의(= secret) ▷ mechanism → 전체적인 구조, 행동·사고 방식 / mechanize→ 기계화하다 / mechanization→ 기계화	
17	**this view sees the explanation of individual events as primary**	이 관점은 개별적인 사건(현상)들의 설명을 가장 중요하다고 여긴다
	▷ see A as B → A를 B라고 여기다(=think of<view, regard, take> A as B, consider A (as) B) ▷ primary → 가장 중요한(= main, principal), 가장 기본적인(가장 근본적인 = basic, essential)	
18 253 ∨ 256	▶ 'with + A + 현재분사/과거분사'로 'A가 ~하는/~된 채로(상태에서)'를 나타내는 패턴의 예 1 This view sees the explanation of individual events as primary, with the explanation of generalizations **flowing** from them. 　이 관점은 개별적인 사건(현상)들의 설명을 가장 중요하다고 여기는데, 일반화들에 대한 설명이 그것들(개별적인 사건<현상>들)로부터 **흘러나오는** 상태에서(것이기에) 그렇다. 　→ 'with + A + 분사'에서 A가 능동이면 현재분사를, 수동이면 과거분사를 써야 한다. If we are to revive the former prosperity, old districts in the town should be redeveloped with some buildings **demolished** and **replaced** for larger, more modern infrastructure. 　우리가 과거의 번영을 되살리고자 한다면, 이 타운의 오래된 구역들은 더 크고 더 현대화된 사회기반 시설들을 위해 몇몇 건물들이 **헐리고 대체되는** 상태에서 재개발돼야 한다.	
19	**that is ~**	다시 말해 ~ = that is to say, in other words, namely, i.e.
20	**the explanation of scientific generalizations comes from ~**	과학적인 일반화들의 설명은 ~로부터 비롯된다
21	**the causal mechanisms that produce the regularities**	그런 규칙성들을 만들어 내는 인과관계가 있는 전체적 구조
	▷ regular → 규칙적인 / regularity → 규칙성, 규칙적인 패턴(= pattern) / irregularity → 불규칙성	
22	**scientific explanations can be made either by seeking ⋯ or by finding ~**	과학적인 설명들은 ⋯을 찾으려고 시도함으로써 또는 ~을 찾음으로써 이뤄질 수 있다
	▷ seek → 찾으려고 시도하다(추구하다 = attempt to find, search for), 요청하다 > seek – sought- sought	
23	**the ~ number of principles covering all observations**	모든 관찰들을 포함하는 개수가 ~인 원칙(원리)들
24	**drawn from individual phenomena**	개별적인 현상들로부터 이끌어진
25	**little / less / least**	적은 / 더 적은 / 가장 적은(최소한의)
26	**fix / fixed / fixate on A**	수리하다, 고정하다 / 고정된, 미리 정해진 / A에 집착하다
27	**limit / limited / limitless**	제한하다, 제한(한계) / 범위·수량이 제한된 / 무제한의

40

41 | 42	1	<u>classifying</u> **things** <u>together into</u> <u>groups</u> **is** <u>something we do all the time</u>	사물들을 그룹으로 함께 <u>분류하는 것</u>은 우리가 항상 <u>하는 것</u>이다
		▷ <u>classify</u> A <u>into</u> B → A를 B로 분류하다 / <u>classification</u> → 분류 / <u>classified</u> → 분류된, 소수만 아는 극비의	
	2	**it isn't hard to see why**	왜 그런지(왜 분류하는지)를 파악하는 것은 어렵지 않다
	3	**imagine trying to shop**	쇼핑을 하려고 한다는 것을 상상해 봐라
	4	<u>in a supermarket where the food</u> <u>was arranged in random order</u>	순서나 체계 없이 되는 대로 아무렇게나 식품이 <u>배열(진열)돼 있는 수퍼마켓</u>에서
		▷ <u>arrange</u> → 배열·조정하다(= align), 일정 및 계획을 세우다(마련해 주다) / <u>rearrange</u> → 재배열하다 ▷ <u>random</u> → 무작위의(되는 대로의) / at <u>random</u> → 무작위로 / <u>randomize</u> → 무작위로 선택·배열하다 ▷ <u>order</u> → 주문, 명령, 순서(= sequence), 정돈, 주문하다, 명령하다(= dictate) / in <u>order</u> → 정돈된 in … <u>order</u> → … 순으로(순서로) / out of <u>order</u> → 정돈되지 않은, 고장 난 / <u>odor</u> → (불쾌한) 냄새	
	5	**shelf / shelves / shelf life**	선반, 책장 / <u>shelf의 복수형</u> / 유통기한
	6	<u>tomato soup</u> **next to the white** <u>bread</u> **in one aisle**	(슈퍼마켓 등의) 한 통로에서 흰 빵 옆의 토마토 수프
		▷ <u>aisle</u> [ail] → (수퍼마켓 등의) 상품 진열 통로, 비행기 및 극장 등에서 지나가는 통로	
	7	<u>chicken soup</u> **in the back** <u>next to</u> **the 60-watt light bulbs**	뒤쪽의 60와트 <u>전구</u> 옆에 있는 치킨 수프
	8	**one brand of cream cheese in front** **and another in aisle 8 near ~**	앞쪽의 한 브랜드의 크림 치즈와 ~근처의 8번 통로에 있는 또 다른 것(또 다른 브랜드의 크림 치즈)
	9	<u>the task of finding</u> **what** <u>you</u> <u>want</u> **would be time-consuming** **and extremely difficult**	네가 원하는 것을 찾는 일은 상당한 <u>시간이 소요</u>되고 굉장히 힘들 것이다
		▷ <u>time-consuming</u> → 상당한 시간이 소요되는 / <u>time-honored</u> → 유서 깊은, 역사적 가치가 깃든	

	10
	<u>257</u>
	∨
	<u>264</u>
		▶ 'if + A' 형태로 다양한 의미를 표현하는 패턴의 예
		
		The task of finding what you want would be time-consuming and difficult, **if not** impossible.
		  네가 원하는 것을 찾는 일은, **비록 불가능하진 않더라도**, 상당한 시간이 소요되고 힘들 것이다.
		  → if not ~: 비록 ~진 않더라도(않았더라도), 만약 ~이 아니라면(아니었다면)
		
		Despite being on the verge of collapse, they <u>seldom</u>, **if ever**, tried to <u>tackle</u> corruption.
		  금방이라도 패망할 것 같았지만, 그들은 **비록 했다고 해도** 부패 문제를 다루려는 노력을 거의 하지 않았다.
		  → if ever: (seldom·rarely 등과 이어지는 동사와 함께) 비록 한다고(했다고) 해도
		
		There seem to be <u>few</u>, **if any**, <u>leaders</u> who cherish compassion and promote the virtues of altruism.
		  동정심을 소중히 여기고 이타주의의 미덕을 장려하는 <u>지도자</u>는 **비록 있다고 해도** 거의 없는 듯 보인다.
		  → if any: (few·little과 이어지는 명사와 함께) 비록 있다고(있었다고) 해도
		
		Carbon emitted today cannot be wiped out today, **if at all**, even though you may believe otherwise.
		  당신은 다르게 믿겠지만, 오늘 배출되는 탄소는 **설령 그렇게 돼 본다고 해도** 오늘 완전히 없어질 순 없다.
		  → if at all: (부정적인 뉘앙스나 의문의 뉘앙스를 강조하며) 설령 ~라고(한다고) 해도

	11	**in the case of A / (just) in case**	A의 사례(경우)에서 / 만약의 경우를 대비해
		▷ in case + S + V → …가 ~하는 경우에 대비해 / make a case for A → A에 대해 설득력 있게 주장하다 case → 실제 상황 / this is the case → 이것은 사실이다 / this is not the case → 이것은 사실이 아니다	
	12	**design the system of classification**	분류 시스템을 고안하다
	13	**ready-made system of classification**	이미 만들어져 준비된 분류 시스템
		▷ ready-made → 이미 만들어져 준비된, 주문 제작이 아닌 표준형 상품으로 판매되는(= off-the-shelf)	
	14	▶ '명사 + 과거분사 ~'로 '~된(되는) …'을 뜻하며 수동 관계로 명사를 수식하는 패턴의 예 7 There is also a ready-made system of classification **embodied** in our language. = There is also a ready-made system of classification **(which is) embodied** in our language. 우리의 언어에서 **분명히 보여지는(구현돼 있는)** 이미 만들어져 준비된 분류 시스템이 또한 있다.	
	15	**embody**	특정 특성을 상징적으로 보여주다, 구현하다 = personify
	16	**the word "dog" groups together a certain class of animals**	"개"라는 단어는 특정 종류의 동물들을 함께 그룹으로 분류한다
	17	**distinguish A from B**	A를 B로부터 따로 구별하다(= differentiate)
41 | 42	18 265 ∨ 266	▶ 'too … to+v'로 '~하기엔 너무 …하다' 또는 '너무 …해서 ~할 수 없다'를 나타내는 패턴 Life is **too short** to be preoccupied with doing something futile. 삶은 무의미한 걸 하는 것에 **사로잡히기엔 너무 짧다** (너무 짧아 무의미한 걸 하는 것에 **사로잡힐 순 없다**). Such a grouping may seem **too …** to be called a classification, but this is only because you have already mastered the word. 그런(개를 다른 동물과 구별한) 그룹 구분은 분류로 불리기엔 너무 …한(너무 …해 분류로 불릴 수 없는) 듯 보일 수 있지만, 이것은 그저 당신이 이미 그 단어에 완전히 숙달했기 때문이다.	
	19	**abstract**	(쉽게 파악할 수 없어) 추상적인, 요약(발췌), 요약하다
	20	**master / master the word**	통달한 전문가, (완전히) 숙달하다 / 그 단어에 숙달하다
	21	▶ '명사 + 현재분사 ~'로 '~하는 …'을 뜻하며 능동 관계로 명사를 수식하는 형태의 예 3 As a child **learning** to speak, you had to work hard to learn the system of classification. 말하는 것을 배우는 아이였을 때, 당신은 분류 시스템을 익히기 위해 상당히 노력을 했어야 했다.	
	22 267 ∨ 269	▶ 목적격 관계대명사가 생략돼 선행사와 관계대명사 덩어리가 쉽게 파악되지 않은 패턴의 예 As a child learning to speak, you had to work hard to learn the system of classification √ your parents were trying to teach you. 말하는 것을 배우는 아이였을 때, 당신은 당신의 부모들이 당신에게 가르쳐 주려고 했던 분류 시스템을 익히기 위해 상당히 노력을 했어야 했다. → 목적격 관계대명사 which(that)이 생략(√) His last book, published posthumously, rests on a dream √ he had of a mysterious island that abruptly arose out of a lake √ he frequented for fishing and swimming as a child. 그의 마지막 책은, 사후에 출간됐는데, 그가 어렸을 때 낚시와 수영을 하러 자주 갔던 호수에서 갑자기 나타난 기이한 섬에 대해 그가 꿨던 꿈에 바탕을 두고 있다. → 'he had a dream of …(그가 …에 대한 꿈을 꿨다)'에서 목적어 'a dream'이 선행사로 갔고, 'he frequented a lake(그가 호수에 자주 갔다)'에서 목적어 'a lake'가 선행사로 가서 목적격 관계사(생략 √) 패턴이 형성됐다.	

전개되다, 실현하다 pl____ out

관대한, 후하게 베푸는 것 ge____

23	**Before you got the hang of it, you probably made mistakes, like calling the cat a dog.**	그것(분류 시스템)의 요령을 터득하기 전엔, 고양이를 개라고 부르는 것처럼, 당신은 아마 실수들을 범했을 것이다.

▷ get the hang(knack) of A → A의 요령을 터득하다 / get (a) hold of A → A를 얻다, A와 연락하다

	▶ 현재 사실 또는 과거 사실과 반대되는 상황을 나타내는 가정법 패턴의 예

24
270
∨
272

If a child **were isolated** from birth and no one **spoke** to it, it wouldn't be able to utter a word.
아이가 태어날 때부터 고립돼 아무도 말을 걸어 주지 않으면, 아이는 한 마디도 말할 수 없을 것이다.
→ [if절에 과거형] + [주절에 would(could 등) + 동사원형]: ~한다면 …일 것이다

If you **hadn't learned** to speak, your life would have been filled with ambiguity from childhood.
당신이 말하는 것을 배우지 않았다면, 당신의 삶은 어린시절부터 모호함으로 가득 찼을 것이다.
→ [if절에 had + 과거분사] + [주절에 would(could 등) have + 과거분사]: ~했다면 …이었을 것이다

If you **hadn't learned** to speak, the whole world would seem like the unorganized supermarket.
당신이 말하는 것을 배우지 않았다면, 전체 세상은 정돈(진열)되지 않은 슈퍼마켓처럼 보일 것이다.
→ [if절에 had + 과거분사] + [주절에 would(could 등) + 동사원형]: ~했다면 …일 것이다

25	**organized / unorganized**	정돈(진열, 배열)된 / 정돈(진열, 배열)되지 않은

26	**position / position of an infant**	직책(신분 = standing), 상태(위치) / 유아의 상태(위치)

▷ infant → 유아(⇒ toddler: 아장아장 걷는 아기) / infancy → 유아기, 발달 초기 / infantry → 군대 보병

41 | 42

	▶ '… 전치사 + 관계대명사 ~' 형태의 특징과 활용 3

27
273
∨
285

If you hadn't learned to speak, the whole world would seem like the unorganized supermarket; you would be in the position of an infant, **for** [**whom** / ~~them~~] every object is new and unfamiliar.
당신이 말하는 것을 배우지 않았더라면, 전체 세상은 정돈(진열)되지 않은 슈퍼마켓처럼 보일 것인데, 당신은 유아 상태에 있게 될 것이고, 유아에게는 모든 사물이 새롭고 익숙하지 않다.
→ 접속사 없이 콤마 다음에 앞의 명사(선행사)를 받아줄 땐, 일반 대명사가 아닌 관계사를 써야 한다.

She is deeply indebted to her parents, **without** [~~their~~ / **whose**] unconditional affection and sacrifice, those imaginative stories would never have come into being in the first place.
그녀는 부모님에게 큰 신세를 졌는데, 그들의 무조건적인 애정과 희생이 아니었더라면, 풍부한 상상력의 그 이야기들은 애초에 생겨나지 않았을 것이다.

There seem to be innumerable wondrous technologies achieved by humans, most **of** [**which** / ~~them~~] have been unleashed on the world without sufficient consideration to the downsides.
인간에 의해 이뤄진 셀 수 없이 많은 대단한 기술들이 있는 것처럼 보이지만, 그 기술들의 대부분은 부정적 측면들에 대한 충분한 고려 없이 이 세상으로 풀려났다.

He analyzed data obtained from questionnaires filled out by 655 teachers, many **of** [**whom** / ~~them~~] considered inappropriate classroom behaviors that interfere with instruction conduct problems.
그는 655명의 교사들에 의해 작성된 설문지로부터 입수된 데이터를 분석했는데, 그 교사들의 상당수는 가르침을 방해하는 교실에서의 부적절한 행동을 행실의 문제로 여기고 있었다.

28	**in learning the principles of classification**	분류의 원칙을 배울 때

▷ in ~ing → ~할 때, ~하는 동안, ~하는 데 있어서 / by ~ing → ~함으로써 / on(upon) ~ing → ~하자마자

41 | 42	29	**learn about the structure that lies at the core of our language**	우리 언어의 중심에 자리잡고 있는 <u>구조(구성의 틀)</u>에 대해 배우다
		▷ <u>core</u> → 중심(핵심), 씨앗이 있는 중심 속 / <u>chore</u> → 허드렛일 / <u>choir</u> → 합창단 / <u>decor</u> → 실내장식	
	30	**Similarities of Strategies in Sales and Language Learning**	<u>판매와 언어 습득에서</u> 전략의 유사성
		▷ <u>similar</u> → 유사한 / <u>similarity</u> → 유사성 / <u>dissimilar</u> → 다른(= different, disparate) ▷ <u>strategy</u> → 전략(방법), 목표를 향한 치밀한 계획 / <u>strategic</u> → 전략적인 / <u>strategist</u> → 전략가	
	31	**Classification: An Inherent Characteristic of Language**	분류: 언어의 <u>본질적으로 존재하는</u> 특징
		▷ <u>inherent</u> → 본질적으로 존재하는(= inborn, innate, intrinsic, natural) ▷ <u>characteristic</u> → <u>특징</u>(= attribute), 특징적인(= typical) / <u>uncharacteristic</u> → 원래의 전형적 특징이 아닌	
	32	**Exploring Linguistic Issues Through Categorization**	<u>항목 분류를 통한</u> 언어적인 이슈들을 탐험(탐구)하기
		▷ <u>linguistic</u> → 언어적인 / <u>linguist</u> → 언어학자 / <u>bilingual</u> → 2개 언어를 쓰는 ▷ <u>category</u> → 카테고리(분류) / <u>categorize</u> → 종류별로 분류하다(= classify) / <u>categorization</u> → 항목 분류	
	33	**Is a Ready-Made Classification System Truly Better?**	이미 만들어져 <u>준비된</u> 분류 시스템이 진짜 더 좋을까?
	34	**Dilemmas of Using Classification in Language Education**	언어 교육에서 <u>분류를 활용하는 것의</u> 딜레마
		▷ <u>dilemma</u> → 결정하기 힘든 상황, 딜레마 / <u>asthma</u> → 천식 / <u>aroma</u> → 향기 / <u>arena</u> → 경기장, 무대	
43 | 45	1	**be busy ~ing / be busy practicing**	~하느라 분주하다(바쁘다) / <u>연습을 하느라 분주하다</u>
	2	**kick as high as they can**	<u>그들이 할 수 있는 한 최대한 높이</u> 차다
	3	**strike the sparring pad**	<u>대련 연습용 킥 패드를</u> 때리다
	4	**the head of the club**	<u>동아리의 회장</u>
	5	**teach the members basic moves**	<u>회원들에게 기본 동작들을</u> 가르치다
	6	**close by**	<u>바로 근처에서</u>
	7	**notice / noticeable / unnoticeable**	<u>알아채다(주목하다), 통지 / 눈에 띄는 / 눈에 안 띄는</u>
	8	**Anna was glancing at the entrance door of the gym**	<u>Anna는 체육관의 출입문을 흘끗 보고 있었다</u>
		▷ <u>glance</u> → 흘끗 보다, 흘끗 보는 시선 / <u>at a glance</u> → 한눈에 바로 / <u>at first glance</u> → 얼핏 보기에	
	9	**seem to be expecting someone**	<u>누군가(누군가 오기)를 기대하고 있는 듯 보이다</u>
	10	**take a break / break time**	<u>잠시 쉬다 / 짧은 휴식 시간</u>

11	**come over to A**	A에게 다가오다
12	**walk in like a wounded soldier**	부상을 입을 군인처럼 걸어 들어오다
	▷ wound → 부상, 마음의 상처, 부상을 입히다(= injure), 마음에 상처를 주다 / wounded → 부상을 입은	
13	**with bandages on her face and arms**	붕대가 그녀의 얼굴과 팔에 감긴 채
	▷ bandage → 붕대 / leakage → 누출 / package → 포장하다, 소포 / savage → 야만적인 / storage → 저장	
	▷ arms → 무기 / be armed(equipped) with A → A로 무기가(채비가) 갖춰지다 / unarmed → 비무장의	
	keep A at arm's length → A와 적절한 거리를 두다 / with open arms → 아주 친근하고 호의적으로	

43 | 45

14 286 v 288	▶ 주절 앞에서 형성되는 분사 패턴의 예 4
	(Being) Surprised, Anna and Jane simply looked at her with their eyes wide open.
	놀라서, Anna와 Jane은 눈이 휘둥그래진 채로 그녀를 그저 바라보기만 했다.
	→ 분사 패턴에서 과거분사 및 형용사만 있다면 'Being' 또는 'Having been'이 생략됐다고 봐도 좋다.
	Confused, she asked him how the situation would unfold and whether a war would break out.
	당황한 채로, 그녀는 상황이 어떻게 전개될 것이지 또 전쟁이 발발할 것인지에 대해 그에게 물었다.
	Humble and **polite** to others, he made whoever he met feel respected and respond in kind.
	남에게 **겸손하고 공손해서,** 그는 만났던 누구든지 존경받는다고 느끼게 했으며 같은 식으로 반응하게 했다.

15	▶ 'with + A + 현재분사/과거분사'로 'A가 ~하는/~된 채로(상태에서)'를 나타내는 패턴의 예 2
	Surprised, Anna and Jane simply looked at her with their eyes **(being)** wide open.
	놀라서, Anna와 Jane은 눈이 휘둥그래진 채로 그녀를 그저 바라보기만 했다.
	→ 이처럼 being이 생략돼 'with + A + 형용사' 형태로 쓰이는 경우도 많다.
	A gentle breeze was blowing across the plain, with fluffy clouds √ [highly / high] in the sky.
	부드러운 산들바람이, 솜털 같은 구름이 하늘 높이 떠있는 상태에서, 평원을 가로질러 불고 있었다.
	→ √ 자리에 being이 생략됐으므로 형용사 high가 맞다. highly(굉장히)는 부사이므로 틀린 표현이다.

16	**I'm sorry I've been absent**	내가 계속 결석을 해서 미안해
	▷ absent → 부재중인(결석한 ↔ present<참석·출석한>) / absence → 부재(결석 ↔ presence<참석·출석>)	
17	**get into a bicycle accident**	자전거 사고를 겪다
	▷ accident → 사고, 우연 / accidental → 우연히 발생하는 / by accident(chance) → 우연히(= accidentally)	
18	**We're thrilled to have you back!**	네가 다시 돌아와서 우리는 너무 행복해!
	▷ thrill → 신나는 경험, 흥분, 아주 신나게 하다, 흥분하다 / thrilled → 아주 신나고 행복하게 느끼는	
19	**give Anna an apologetic look**	Anna에게 사과하는 시선을 보내다
	▷ apologize → 사과하다 / apology → 사과 / apologetic → 잘못 등을 후회하며 사과하는	
20	**she responded with a friendly pat on Jane's shoulder**	Jane의 어깨를 친근하게 토닥이면서 그녀는 반응했다
	▷ respond → 반응하다(= react) / response → 반응 / responsible → 책임지는(= accountable)	
	correspond → ~과 같다(~ to, ~ with), ~에 상응하다(~ to, ~ with), 편지로 연락하다(~ with)	
	▷ pat → 손으로 가볍게 토닥이다(= tap), 가벼운 토닥임(= tap) / pat A on the back → A를 칭찬하다	

21	nod uneasily / rod / god	불안하게 고개를 끄덕이다 / 막대 / 신(⇒ goddess: 여신)
	▷ uneasy → 불안한(= anxious) / uneasiness → 불안함(= anxiety, apprehension) / uneasily → 불안하게	

| 22 289 ∨ 292 | ▶ 선행사를 콤마 뒤에서 받아주는 목적격 관계대명사 패턴의 예 Cora was a new member, **whom(who)** Anna had personally invited √ to join the club. Cora는 신입 회원이었는데, Anna가 동아리에 가입하도록 **그녀를** 개인적으로 초대했었다. → 'invited a new member ~'에서 목적어 'a new member'(√)가 선행사로 가고 목적격 관계사 whom이 만들어졌다. whom 대신 who을 쓸 수 있지만, that은 쓸 수 없다. 콤마 뒤 관계사는 생략할 수 없다. He read over 80 autobiographies, **which** he concisely summarized √ as "no sweat, no feat." 그는 80권 이상의 자서전들을 읽었는데, 그는 **그것들을** "노력 없이 대단한 성취도 없다"라고 간단히 요약했다. → 'summarized over 80 autobiographies ~'에서 목적어 'over 80 autobiographies' (√)가 선행사로 가고 목적격 관계사 which가 만들어졌다. which 대신 that으로 바꿀 수 없고, 콤마 뒤 관계사이므로 생략할 수도 없다. | |

23	although her **budget** was **tight**	비록 그녀의 예산(쓸 수 있는 돈)이 여유 있지 않았지만
24	taekwondo uniform	태권도 도복
25	unexpected / **unexpectedly**	예상치 못한 / 뜻밖에(갑자기 = suddenly, without notice)
26	come to practice only once	딱 한 번 연습에 나오다
27	show up	약속 시간 등에 나오다(나타나다 = turn up)
	▷ show off A → A를 뽐내다 / show A around B → A에게 B를 구경시켜 주다 / see off A → A를 배웅하다	

28 293 ∨ 297	▶ since의 주요 용법 **Since** Cora had missed several practices, Anna wondered what could have happened. = **Because(As)** Cora had missed several practices, Anna wondered what could have happened. Cora가 몇 번의 연습을 빠졌**기 때문에**, Anna는 무슨 일이 일어날 수 있었던 것인지에 대해 궁금해 했다. Astronomy has made giant strides **since** the advent of orbiting telescopes in the 1960s. 천문학은 1960년대 궤도를 선회하는 망원경의 도래**부터 계속** 상당한 발전을 이뤄 왔다. They conceded that the regulations stifled innovation and has **since** suspended further measures. 그들은 그 규제들이 혁신을 억누르고 있다는 점을 시인했고 **그 후부터 계속** 추가적 조치를 중단해 왔다.	

29	Anna wondered what could have happened	Anna는 무슨 일이 일어날 수 있었던 것인지에 대해 궁금해 했다
	▷ would(could, may, might) have + 과거분사 → ~했을 것이다(과거의 추측 및 가정 등을 의미) would(could, may, might) not have + 과거분사 → ~하지 않았을 것이다	

30	on the one hand / on the other hand	한편으로는 / 또 다른 한편으로는(반면에)
31	judgingly	좋고 나쁨 등에 대해 판단을 내리며(내리듯이)
32	most newcomers don't keep their commitment to the club	대부분의 신입 회원들은 동아리에 대한 충실한 태도를 지키지 못한다
	▷ newcomer → 새로 온 사람, 새롭게 생겨나거나 추가된 것	
33	just as Jane was about to respond to her	Jane이 그녀에게 대답을 막 하려고 했던 바로 그 때

▶ '주어 + 동사 + 주격 보어' 패턴으로 관용적인 표현으로 쓰이는 예

34

298
∨
299

Creaking eerily, the wooden door swung open. 기괴하게 삐걱거리며, 그 나무 문이 홱 열렸다.

Due to the unprecedented drought, the canal ran dry. 전례 없는 가뭄으로, 운하의 물이 바닥났다.

We were obliged to stay put until further notice. 우리는 추가 통보까지 의무적으로 가만히 있어야 했다.

They returned totally fatigued from the excursion. 그들은 짧은 나들이로부터 녹초가 돼 돌아왔다.

▶ '주어 + 동사'가 '동사 + 주어'로 바뀌는 도치의 주요 용법

① 장소·방향 부사가 앞으로 나오는 경우

Thirty bronze statues **stand** along the avenue. > Along the avenue **stand** thirty bronze statues.

　30개의 동상들이 가로수가 있는 그 큰 길을 따라 서 있다.

The immense flag **came** down with solemn music. > Down **came** the immense flag with solemn music.

　엄숙한 음악과 함께 그 거대한 국기가 내려왔다.

　→ 장소·방향 부사 + **동사** + 주어

I looked out and the fierce dog **was** there. > I looked out and there **was** the fierce dog.

　내가 바깥을 봤는데 그 사나운 개가 거기에 있었다.

　→ 장소·방향 부사로서 there(거기에) 및 here(여기에) + **동사** + 주어

The door swung open. She **was** there! > The door swung open. There she **was**!

　문이 홱 열렸다. 거기에 그녀가 있었다!

　→ 주어가 대명사인 경우엔, 도치가 되지 않고 '장소·방향 부사 + 대명사 주어 + **동사**' 패턴을 취한다.

43
|
45

35

300
∨
308

② never 등 부정어가 앞으로 나오는 경우

The process **is** not only tedious, but it is also prone to all sorts of human errors.

> Not only **is** the process tedious, but it is also prone to all sorts of human errors.

　그 과정은 길고 지루할 뿐만 아니라, 사람에 의한 모든 종류의 오류를 겪을 가능성이 있다.

　→ 부정어 + **be동사** + 주어 + 형용사, 분사, 명사 등

They don't even know verbs usually precede objects because they rarely **study** grammar.

> They don't even know verbs usually precede objects because rarely **do** they study grammar.

　그들은 좀처럼 문법을 공부하지 않기 때문에 동사가 목적어보다 일반적으로 앞에 온다는 것도 모른다.

　→ 부정어 + **do, does, did** + 주어 + 동사 원형

We **can**not go back to the drawing board and start from scratch under any circumstances.

> Under no circumstances **can** we go back to the drawing board and start from scratch.

　어떤 상황에서도 우리는 원점으로 되돌아가 완전히 처음부터 다시 시작할 수 없다.

　→ 부정어 + **can 등 조동사** + 주어 + 동사 원형

The candidate **has** never mentioned explicitly that he was convicted of evading taxes.

> Never **has** the candidate mentioned explicitly that he was convicted of evading taxes.

　그 후보자는 세금을 회피한 것으로 유죄 판결을 받았던 것에 대해 한 번도 분명히 언급하지 않았다.

　→ 부정어 + **have, has, had** + 주어 + 과거분사

수능 어휘 플러스 308

001	religion / religious	종교(= faith) / 종교적인
002	oppress / oppression	탄압하다(= persecute), 짓누르다 / 탄압(= persecution)
003	dwindle / bundle / gentle	줄다(= diminish, wane) / 다발(로 묶다) / 부드러운, 완만한
004	banish / vanish / furnish	추방하다(= exile) / 사라지다 / 가구 등을 비치하다, 제공하다
005	novice	초보자 = beginner
006	pursuit / pursue / sue	추적, 추구 / 쫓다(= chase, go after), 추구하다 / (법) 고소하다
007	for its own sake / on one's own	~의 가치 그 자체로, ~ 그 자체가 좋아서 / 스스로, 혼자서
008	for the sake of A(= for A's sake)	A를 위해 = for the purpose of A, in order to achieve A
009	retain / retention	간직하다, 계속 데리고 있다, 오래 기억하다 / 간직, 보유
010	empower / empowerment	권한을 주다(= authorize) / 권한 부여(= authorization)
011	genuine	진짜의(= authentic, real), 진실된(= sincere and honest)
012	empathy / sympathy	감정을 공유하는 공감 / 함께 안타까워하는 동정심
013	amplify / amplification	강화하다, 더 보충하다, 소리 등을 더 높이다 / 강화, 보충
014	out of place / in place of A / in place	못 어울리거나 불편한 / A 대신 / 시행(가동)되는, 제 위치에
015	taboo	금지된(금기시되는) 것, 금지된(금기시된), 금지(금기시)하다
016	insult	모욕을 주다(= offend, slight), 모욕(= offense, slight)
017	euphemism	비난 등 부정적 표현을 간접적으로 에둘러 전하는 완곡어법
018	make light of A / in (the) light of A	A를 가볍게 취급하다(= play down A) / A를 고려해, A 때문에
019	for all A / once and for all	A에도 불구하고(= despite A, in spite of A) / 정말 마지막으로
020	fragile / fragility	깨지기 쉬운, 허약한(= weak, frail) / 깨지기 쉬움, 허약함
021	torture	고문, 고통(= agony, suffering), 고문하다, 고통을 주다
022	be anxious to+v	간절히 ~하고 싶어하다 = be eager to+v
023	hunch / hunched / hunchback	몸을 구부정하게 숙이다(= arch, bend) / 구부정한 / 꼽추
024	rigid / frigid	경직된(= stiff), 엄격한(= strict, rigorous) / 아주 추운(= chilly)
025	posture / pasture / texture	자세, 관점(= stance, standpoint) / 목초지 / 질감, 촉감
026	insert / assert / assertion / assertive	집어넣다 / 강하게 주장하다 / 강한 주장 / 자신감 있는
027	aggressive / aggression	공격적인(= hostile), 적극적인(= vigorous) / 공격성, 적극성
028	conference / press conference	회의, 대규모로 며칠 동안 진행되는 회의 / 기자 회견
029	in the wake of A	A 후에(= after A), A의 결과로(= as a result of A)

약화되다, 약화시키다 det_____

숭배(존경)하다, 숭배 wo_____

임신한 pre_____

030	break out / outbreak	전쟁·질병 등이 갑자기 발생하다 / 갑작스러운 발생(폭증)
031	fatal / fatality / vitality / hospitality	치명적인(= deadly, lethal) / 사망 유발, 사망자 / 활력 / 환대
032	consensus / census	전체적 합의(=unanimity, concord) / 인구 조사
033	at best / at worst / at most / at least	기껏해야 / 최악의 상황엔 / 아무리 많아도 고작 / 적어도
034	mediocre	평범한, 그저 그런 = average, ordinary, common
035	original / originally / originality	처음 생겨난, 독창적인 / 원래(본래), 독창적으로 / 독창성
036	ego / egotism(egoism) / egocentric	자아 / 자기중심적 태도(자만 = conceit) / 자기 중심적인
037	plate / inflate / inflation	접시, 판 / 부풀리다 / 팽창, 화폐가지 하락에 따른 물가 상승
038	modern / pre-modern	현대(근대)의 / 전근대의
039	govern / government / governor	통치(지배)하다, 운영(관리)하다, 이끌다 / 정부 / 주지사
040	modest / modesty	과하지 않고 적당한, 겸손한(= humble) / 적당함, 겸손함
041	inhale / exhale / pale	숨을 들이마시다 / 숨을 내쉬다 / 창백한
042	luxury / luxurious / luxuriant	호화스러움, 사치품 / 호화스러운 / (산림 등이) 울창한
043	adequate / inadequate	충분한(적절한 = sufficient, acceptable) / 불충분한, 부적절한
044	shortcoming	약점 및 결함 = weakness, flaw, defect
045	tickle / trickle / wrinkle / sprinkle	간지럽히다 / 뚝뚝 떨어지다 / 주름(지게 하다) / 물을 뿌리다
046	subtract / subtraction	빼다(↔ add<더하다>) / 빼기(↔ addition<더하기>)
047	positive / negative	긍정의, 양수의, 검사에서 양성인 / 부정의, 음수의, 음성인
048	trick / tricky	속임수, 장난, 기발한 방법 / 속이는, 다루기 난감한(힘든)
049	radical / medical	급진적인, 중요하고 근본적인(= fundamental) / 의학의
050	be prone to A	(부정적 의미로) A[명사, 동명사, 동사원형]할 가능성이 있다
051	give rise to A	A를 생겨나게 하다(A를 유발하다 = cause A, bring about A)
052	reckon	생각하다(= think, believe, suppose), 추정하다(= estimate)
053	vaccine / vaccinate (against A)	백신 / (A를 예방하기 위한) 백신을 투여하다
054	equivalent / equivalent to A	같은(= equal, identical) / A와 같은(= equal to A)
055	encompass / compass	포함하다, 둘러싸다(= encircle, envelop, surround) / 나침반
056	keep A engaged (in B) / keep off A	A를 (B에) 계속 참여하게 하다 / A에 닿지 않고 거리를 두다
057	oppose / as opposed to A	반대하다(= object to, be opposed to) / A와 정반대로
058	bystander	상황에 참여하지 않고 현장에 있기만 하는 사람, 방관자
059	consistent / be consistent with A	변치 않고 일관된, 일치하는 / A와 일치하다
060	hypothesize / hypothesis	가설로 제시하다(= suggest, put forth) / 가설(= theory)

061	indicate / indication / indicator	나타내다(= demonstrate) / 암시 / 나타내는 요소, 지표(= index)
062	erode / erosion	침식(잠식)하다, 훼손하다(= undermine) / 침식, 잠식, 훼손
063	diverse / diversity / biodiversity	다양한(= various) / 다양성 / 생물 다양성
064	fabric / lyrics	직물(= cloth, textile), 기본적 구조(틀) / (노래) 가사
065	elastic / elasticity	탄력 있는(= flexible, stretchable, resilient) / 탄력(= flexibility)
066	fiber / fever	소화되지 않지만 소화를 돕는 섬유질, 섬유, 직물 / 열, 열풍
067	expel	내쫓다(추방하다 = oust, banish), 배출하다(= let out, discharge)
068	moist / moisture / moisturize	촉촉한(= damp, humid) / 수분 / 촉촉함(수분)을 더하다
069	contract / contraction	계약(하다), 수축하다, 병에 걸리다(= come down with) / 수축
070	mainstream / streamline	주류(를 이루는) / 유선형으로 하다, 효율화(간소화)시키다
071	physician / surgeon / pigeon	내과 의사 / 외과 의사 / 비둘기
072	obese / obesity / overweight	비만의 / 비만 / 과체중(의)
073	virtual / virtually	가상의, 거의 실제에 가까운 / 거의 실제로(사실상)
074	cure / curable / incurable	치료하다(= heal), 치료 / 치료할 수 있는 / 치료할 수 없는
075	irrigate / irritate / irritation	물을 끌어 대다 / 짜증나게 하다(화나게 하다) / 짜증(화남)
076	imply / implication	함축·암시하다(= suggest) / 함축적 의미(암시 = suggestion)
077	indulge / indulgent	맘껏 ~하다(~ in), 맘껏 하게 해 주다 / 맘껏 하게 해 주는
078	legendary / military / solitary / solitude	전설의 / 군사(의) / 고독한, 고립된(= isolated, secluded) / 고독
079	meditate / meditation	명상하다, 신중히 생각하다(= ponder, contemplate) / 명상
080	avoid company / keep A company	남과 함께 어울리는 것을 피하다 / A와 함께 있어 주다
081	circulate / circulatory / circulation	순환하다, 퍼지다 / 순환의 / 순환, 신문 등의 발행부수
082	orchestrate / orchestration	전체적으로 조정하다(= organize, coordinate) / 전체적 조정
083	redistribute / redistribution	재분배하다 / 재분배
084	spear / sphere / hemisphere / peer	창 / 구(= globe), 영역(= domain, realm) / 반구 / 동료, 자세히 보다
085	supplement	보충(= addition), 보조식품, 보완하다(보충하다 = augment)
086	obtain / unobtainable	얻다(획득하다 = acquire, come by) / 얻을(이룰) 수 없는
087	prescribe / prescription	처방하다, 규정하다(= dictate) / 처방, 공식적 권장(권고)
088	medieval / the Middle Ages	중세의 / 중세(서기 500~1500년 사이의 시대)
089	craft / craftsman / craftsmanship	수공예, 숙련된 작업, 공들여 만들다 / 장인 / 숙련된 작업
090	relent / relentless(= unrelenting)	반대를 접고 받아들이다, 수그러들다 / 중단 없는, 단호한
091	compact	소형의, 작은 공간에 잘 구성된, 압착하다(= compress)

092	come about / come along	발생하다(= occur, take place) / 생겨나다, 진척되다, 따라가다
093	route / take a different route	길(루트) / 다른 길을 택하다
094	draft / drift / thrifty / theft	문서의 초안 / 떠다니다, 표류 / 절약하는(= frugal) / 도둑질
095	dub A B	A에 B라는 이름을 붙이다, A에게 B라는 칭호를 수여하다
096	splendid / candid	아주 인상적인(= very impressive), 훌륭한 / 솔직한(= frank)
097	wisdom	지혜(경험을 통한 삶의 통찰력)
098	make the best of A	A를 최대한 잘 활용하다(= make the most of A), A를 잘 극복하다
099	sane / sanity / insane / insanity	정신이 온전한 / 제정신 / 정신 나간(= lunatic) / 정신 이상
100	as ~ as A may sound(seem)	A가 ~인 듯 들릴 수(보일 수) 있겠지만
101	clone / lone / loan / lawn	복제(하다) / 외로운 / 대출, 빌려주다(= lend) / 잔디
102	bless / bliss	축복을 내리다 / 엄청난 행복(= joy)
103	disguise / a blessing in disguise	위장(변장), 위장(변장)하다 / 불행 속의 숨겨진 축복
104	resonate / resonate with A	크게 울려 퍼지다 / A에게 감동을 주다(큰 인상을 남기다)
105	conscience / conscientious	옳고 그름을 판단하는 양심 / 일을 세심하고 올바르게 하는
106	fragment / segment	파편(= fraction), 산산조각을 내다 / 부분, 부분으로 나누다
107	loot / looting / looter	(전쟁·폭동 등으로) 약탈하다, 약탈한 물건 / 약탈 / 약탈자
108	tablet / leaflet	석판 및 점토판 등 판, 알약, 태블릿 PC / 전단지
109	stun / stunning	깜짝 놀라게 하다(= astonish, astound, startle) / 놀라게 하는
110	archaeology / archaeologist	고고학 / 고고학자
111	client	고객(손님), 변호사 및 회계사 등의 서비스를 받는 의뢰인
112	allude to A / elude	A를 암시하다(넌지시 말하다) / 교묘히 피하다(= evade)
113	divorce	이혼, 이혼하다
114	anguish	상당한 정신적 또는 신체적 고통 = agony, torment, distress
115	entail / curtail	~을 수반하다(가져오다 = carry, involve) / 줄이다(= cut back)
116	make sense of A / sense-making	A를 이해·파악하다(= understand A, make out A) / 이해(파악)
117	symmetrical / symmetry / asymmetry	균형 잡힌, 대칭을 이루는 / 균형, 대칭 / 불균형, 비대칭
118	nuance / nuisance	미묘한 차이(= subtle difference) / 성가시고 골치 아픈 존재
119	anger	분노 = fury, indignation, rage, resentment, wrath
120	stem / stem from A	줄기 / A로부터 생겨나다(= be caused by A, come from A)
121	anxiety	근심 = apprehension, concern, disquiet, uneasiness
122	sorrow / sorrowful	슬픔(= grief, sadness) / 슬픈, 슬픔으로 가득한

123	despair / desperate	절망(= desperation) / 절망적인(= hopeless), 간절히 원하는
124	dispense with A / indispensable	A를 없애다(= get rid of A) / 없어서는 안 될(= essential)
125	serve to+v / serve as A	~하는 역할을 하다, ~한 결과를 가져오다 / A로서 역할을 하다
126	solvent	(다른 물질의 용해에 사용되는) 용매, 채무를 갚을 수 있는
127	stance / substance	자세(= posture), 관점(입장 = viewpoint, standpoint) / 물질
128	dissolve / resolve	용해시키다, 관계 등을 끝내다 / 해결하다(= settle), 결심하다
129	tumor / develop brain tumors	종양 / 뇌종양이 생기다
130	remove / removal / oval	제거하다(= get rid of, do away with) / 제거 / 타원형(의)
131	addict / afflict / inflict	중독자, 중독되게 하다 / ~에게 고통을 주다 / 고통을 가하다
132	icon / iconic	아이콘, 찬사를 받는 우상, 널리 알려진 상징 / 상징적인
133	cater / cater to A	파티 등에 음식을 공급하다 / A의 요구를 충족시키다(= serve A)
134	comfort / comfort zone	편안함, 위로, 위로하다(= console) / 편안히 안주하는 영역
135	nostalgia / nostalgic	과거에 대한 향수 / 향수에 젖은, 향수를 불러일으키는
136	learn by heart / take A to heart	암기하다 / A를 상당한 충격으로(상처로) 받아들이다
137	recess	학교의 쉬는 시간, 법원 등의 휴정, 의회 등의 휴회
138	cite / recite / recital	언급(인용)하다 / 암송하다(= repeat from memory) / 연주회, 암송
139	raw / saw / paw / claw / flaw / flawless	날것의 / 톱(질 하다) / 동물 발 / 동물 발톱 / 결함 / 완벽한
140	contend / contender	주장하다(= assert, maintain), 경쟁하다(= compete) / 경쟁자
141	around the clock / around the corner	쉬지 않고 계속(= ceaselessly) / 곧 다가올, 곧 닥칠
142	distress	심신의 고통(= anguish, agony, torment), 근심·고통을 주다
143	temper / lose one's temper	화내는 성깔, 차분함, 완화시키다 / 억제를 못하고 화내다
144	bold / mold / scold / threshold	대담한 / 틀(을 만들다), 곰팡이 / 혼내다 / 경계, 한계점
145	disregard	무시하다 = ignore, take no notice of, turn a blind eye to
146	tangible / intangible	분명한, 유형의, 만져질 수 있는 / 무형의, 만져질 수 없는
147	coward / reward / rewarding	겁쟁이 / 보상, 보상하다 / 보람·이익을 주는(= profitable)
148	grateful / gratefulness / gratitude	감사히 여기는(= thankful) / 감사히 여기는 마음 / 감사
149	applaud / applause	박수를 보내다(= clap), 찬사를 보내다(= praise) / 박수
150	cynical / cynicism	사람을 이기적이고 기만적으로 보며 냉소적인 / 냉소주의
151	compliment / complement	칭찬, 칭찬하다(= praise) / 보완(보충), 보완(보충)하다
152	praise / praiseworthy / appraise	칭찬(찬사), 찬사를 보내다 / 칭찬할 만한 / 평가(감정)하다
153	parallel / unparalleled	평행한, 유사한(= similar), 유사성 / 이제껏 없던, 독보적인

의사하다, 잠기게 하다 dr___

A를 보상하다 m___ up for A

결함, 용함 fu___

154	diagonal / horizontal / vertical	대각선(의) / 수평선, 수평의 / 수직선, 수직의(= upright)
155	strip / strip A of B / strip away A	벗기다(없애다), 작은 조각 / A에서 B를 박탈하다 / A를 없애다
156	responsive / unresponsive	반응(대응)이 빠른 / 반응(대응)을 하지 않는
157	plague	치사율이 높은 전염병, 고통을 주다(= afflict, torment)
158	masculine / feminine / famine	남성의, 남자다운 / 여성의, 여자다운 / 굶주림(= starvation)
159	supervise / supervision / supervisor	관리(감독)하다 / 관리(감독) / 관리(감독)자, 상사
160	discern	알아보다, 구별(식별)하다 = distinguish, identify, make out
161	overbearing	짜증나게 간섭하거나 강요하는 = domineering
162	authority / authoritarian / authoritative	권위, 책임 당국 / 독재적이며 권위적인 / 권위를 지닌
163	opt for A / opt to+v	A를 선택하다(= choose A) / A하는 것을 선택하다
164	anecdote / antidote	특정 사건(상황)을 담은 흥미로운 이야기, 일화 / 해독제
165	weave(> weave – wove – woven)	짜다(엮다), 여러 상황을 엮어 이야기 등을 만들어 내다
166	profound	지식 수준 등이 상당한, 많은 생각이 필요해 심오한, 엄청난
167	enlighten / enlightenment	계몽하다, 깨우침을 주다(깨우치게 해 주다) / 계몽, 깨우침
168	figure out A / figure of speech	A를 알아내다, A에 대한 해결책을 찾다 / 은유(비유)적 표현
169	utilize / utility	이용하다(= harness) / 수도·전기 등 공공 서비스, 유용성
170	induce / induce A to+v	유도하다(생겨나게 하다) / A로 하여금 ~하도록 유도하다
171	reflect / reflection	반영하다, 반사하다, 되짚어보다(~ on) / 반영, 반사
172	estimate / estimation	추정, 예상비용 추정(견적), 추정하다 / 추정, 예상비용 추정
173	be diagnosed with A / diagnosis	A로 진단을 받다 / 진단(⇒ misdiagnosis: 오진, 틀린 진단)
174	pneumonia / tuberculosis	폐렴 / 결핵
175	specify / specification	구체적으로 언급하다(= mention exactly) / 구체적 언급(지시)
176	barrier	장벽, 무역 장벽 등 걸림돌, 소통 등을 막는 장애물
177	election / elect / erect / erupt	선거 / 선거(선출)하다 / 건립하다(= construct) / 분출하다
178	soothe	달래다(= comfort), 고통 등을 경감시키다(= relieve)
179	fury / furious / infuriate	분노(= rage) / 아주 화가 난(= enraged) / 분노하게 만들다
180	obstinate / subordinate	완고한(= stubborn), 다루기 힘든 / 부하, 부하의, 덜 중요한
181	fuse / refuse / refusal	녹이다, 결합하다 / 거절하다(= decline, turn down) / 거절
182	adapt / adaptation	적응(조절)하다, 다른 장르로 각색하다 / 적응(조절), 각색
183	swift / swiftly	빠른(= quick, prompt, rapid, sudden, immediate) / 빠르게
184	adhere to A / adherent / adhesive	A를 고수하다(= abide by A, stick to A) / 지지하는 / 접착제

185	convention / conventional	관행(관습), 큰 회의 / 관행·관습적인(= customary, traditional)
186	norm / numb	특정 집단의 일반적 규범 / 마비된, 충격으로 멍해진
187	grain / ingrained	곡물, 확실히 뿌리 박힌(= firmly established, deep-rooted)
188	urge	강하게 설득(촉구)하다, 다그치다, 충동(= impulse, desire)
189	settle / settle for less	정착하다, 해결하다 / 목표에 못 미친 결과에 만족하다
190	nomad / nomadic	유목민, 여러 곳을 이동하는 사람 / 유목의, 여러 곳을 이동하는
191	depict / depiction	묘사하다(= describe, portray) / 묘사(= description, portrayal)
192	scholar / scholarly / scholarship	학자 / 학문적인, 학자다운 / 장학금
193	origin / originate / originator	기원(시작) / 생겨나다, 생겨나게 하다(= initiate) / 창시자
194	civil / civilize / civilization / civilian	시민의, 공손한 / 교양을 가르치다, 개화시키다 / 문명 / 시민
195	plea / flea / flea market / flee	탄원(간청) / 벼룩 / 벼룩시장 / 도망가다 > flee – fled – fled
196	flood / drought	홍수 / 가뭄(= dry spell)
197	be comprised of A(= comprise A)	A로 구성되다 = consist of A, be composed of A
198	monolingual / bilingual / multilingual	1개 언어만을 쓰는 / 2개 언어를 쓰는 / 다수의 언어를 쓰는
199	migrant / immigrant	철새처럼 이동하는 동물, 이동하는 사람 / 이민(이주)자
200	fluent / affluent	유창한(= articulate) / 상당히 부유한(= wealthy, well-off)
201	ordinary / extraordinary	평범한 / 독특한(= very unusual), 정말 대단한(= exceptional)
202	differ from A	A와 다르다 = be different from A
203	deserve A / deserve to+v	A를 받을 만하다, A를 받아도 싸다 / ~할 만하다, ~해도 싸다
204	desire / desirable / undesirable	열망, 간절히 열망하다 / 바람직한 / 바람직하지 않은
205	subside / alongside	잠잠해지다(= let up), 수위 등이 낮아지다(= recede) / 함께, 곁에
206	peel / pill / pillar / pillow	껍질(을 벗기다) / 알약 / 기둥(= column), 버팀목 / 베개
207	magnificent	아름답고 인상적인, 정말 대단한 = majestic, splendid
208	monument / monumental	(역사·상징적) 기념물 / 기념물의, 아주 중요한, 엄청난
209	perpetual / perpetuate / puppet	영원한(= eternal, timeless) / 지속되게 하다 / 꼭두각시
210	patriot / patriotic / patriotism	애국자 / 애국적인 / 애국심
211	label / label A (as) B	라벨(을 붙이다) / A를 B로 부르다(묘사하다, 꼬리표를 붙이다)
212	greedy / greed / reed / bleed	탐욕스러운 / 탐욕 / 갈대 / 피를 흘리다
213	predator / prey / pray	포식자, 약탈자 / 먹잇감, ~을 먹이로 삼다(~ on) / 기도하다
214	retort / distort / distortion	거세게 말대꾸하다 / 뒤틀다, 사실을 왜곡하다 / 뒤틀림, 왜곡
215	beware (of) A	A를 조심하다 = be wary of A, look(watch) out for A

216	flat / flatter / flattery	납작한 / 아첨하다, 찬사·존경을 보이며 흡족하게 해 주다 / 아첨
217	exceed / excess / excessive	초과·능가하다(= surpass, outdo, outstrip) / 과도함 / 과도한
218	delude / delusion	속이다(= deceive, fool, mislead, trick, take in) / 착각, 망상
219	just / unjust	공정한(정당한 = fair) / 공정하지 못한(부당한 = unfair)
220	absurd / absurdity	어리석은, 터무니없는 = silly, illogical, ridiculous / 어리석음
221	fine	훌륭한(= excellent), 세세한(= precise, minute), 벌금
222	impose	세금·형벌 등을 부과하다, 강요하다, 제한 등을 가하다
223	major / minor	중요한, 전공(하다) / 미미한, 소수의, 미성년, 부전공(하다)
224	offend / offended / offense	감정을 해치다, 위반하다 / 감정이 상한 / 감정이 상함, 위반
225	marble / marvel / marvelous	대리석, 구슬 / 대단한 존재, 놀라게 하다 / 대단한(= superb)
226	hatch	부화하다(알을 깨고 나오다), 몰래 계획을 세우다(= devise)
227	spawn	알을 낳다, 유발하다(생겨나게 하다 = generate, give rise to)
228	awkward	어색하고 불편한(= uneasy, embarrassed), 서툰(= clumsy)
229	restless	안절부절못하는 = edgy, uneasy, tense, ill at ease, on edge
230	subsequent / sequence / sequential	뒤이어 일어나는(= ensuing) / 순서, 연속 / 순서에 따른
231	phase / phrase / paraphrase	단계, 시기(= stage) / 문구, 짧은 표현 / 다른 말로 표현하다
232	misery / miserable	비참함(고통 = distress) / 비참한(= unhappy), 끔찍한
233	fall for A	A에 속다(= be deceived by A, be taken in by A), A에 반하다
234	gray / betray / betrayal	회색, (머리) 희끗한 / 배신하다, 드러내다(= give away) / 배신
235	end up ~ing / end up with A	결국 ~이 되다(= wind up ~ing) / 결국 A로 끝나다(에 처하다)
236	discard / discord	필요 없어 제거하다(= dispose of) / 의견 불일치, 불협화음
237	valid / invalid / validate / invalidate	타당(유효)한 / 타당치 않은 / 타당성을 입증하다 / 효력을 없애다
238	innocence / innocent / accent	순수함, 무죄(↔ guilt 죄) / 순수한, 무죄의 / 억양, 강조하다
239	spectrum	프리즘 등을 통한 스펙트럼, 다양한 종류가 분포된 범위
240	concert / in concert / concerted	콘서트 / 함께(= jointly) / 일치된(조화를 이룬= coordinated)
241	legacy	물려받는 유산(= inheritance), 과거의 유산(흔적, 자취)
242	spirit / spiritual / spirited / dispirited	영혼, 정신 / 영혼(종교)의 / 생기 있는 / 낙담한(= disheartened)
243	erase / graze / gaze / gauge	지우다 / 풀을 뜯어먹다 / 응시(하다) / 측정하다(= calculate)
244	converge / diverge	하나로 합쳐지다, 수렴하다 / 한곳에서 갈라지다(= split)
245	pottery / lottery / cemetery / fishery	도자기류 / 복권 / 공동묘지 / 어업, 수산업
246	shatter / litter / bitter / glitter	산산조각 나다 / 쓰레기, 어지르다 / 쓴, 쓰라린 / 반짝이다

247	tumble / stumble	넘어져 구르다, 추락하다 / 넘어질 뻔하다, 어색하게 걷다
248	probe	조사하다(자세히 살펴보다 = investigate), 면밀한 조사
249	defect / defective	결함(약점 = flaw, shortcoming, weakness) / 결함이 있는
250	strike / strike A as B / striking	급습하다, 파업 / A에게 B라는 인상을 주다 / 주목할 만한
251	rebel / rebellion / rebellious	반항하다(반란을 일으키다), 반란 / 반항(반란) / 반항하는
252	despise	깔보면서 싫어하다 = look down on, scorn, hate
253	revive / revival	되살리다(= refresh, revitalize, bring back) / 부흥, 회복
254	prosper / prosperous / prosperity	경제적으로 번영하다(= thrive, flourish) / 번영하는 / 번영
255	demolish	무너뜨리다(헐다 = pull down, level), 파괴하다(= destroy)
256	infrastructure / infrared	도로·항만 등과 같은 사회기반시설(간접자본) / 적외선의
257	on the verge of A	금방이라도 A할 것 같은 = on the brink(point) of A
258	tackle / chuckle(= giggle)	태클(로 넘어뜨리다), 문제 등을 다루다 / 킥킥거리며 웃다
259	cherish / mustache [mʌ́stæʃ]	소중히 여기다(= adore, treasure, prize, hold dear) / 콧수염
260	compassion / compassionate	동정심(= pity, sympathy) / 동정심이 많은(= sympathetic)
261	virtue / virtuous	도덕성(미덕, 선 = morality), 장점 / 도덕적인(= righteous)
262	altruism / altruistic	남을 먼저 생각하는 이타주의 / 이타적인(= unselfish, selfless)
263	emit / emission — omit / omission	배출하다(= give off) / 배출 — 빠트리다(생략하다) / 생략
264	wipe / wipe out A	닦아내다 / A를 완전히 없애다(= eliminate<delete, erase> A)
265	preoccupy / be preoccupied with A	사로잡다 / A에 심취해 있다 = be consumed by(with) A
266	futile	결과도 못 내고 허무한(= vain, fruitless) ↔ fruitful(생산적인)
267	posthumous	발표 및 수상 등이 사후에(세상을 뜬 후에) 일어난
268	rest on(upon) A	A를 믿다(= rely on A), A에 기반을 두다(= be based on A)
269	abrupt	갑작스러운(= sudden), 짧고 무뚝뚝한(= blunt)
270	isolate / isolated / isolation	외따로 고립시키다 / 외따로 고립된(= remote) / 고립
271	utter / utterly	말하다, 완전한(= absolute, sheer) / 완전히(= absolutely)
272	ambiguous/unambiguous/ambiguity	애매한(= equivocal, obscure, vague) / 분명한 / 애매함
273	debt / debtor / indebted	빚 / 채무자(↔ creditor<채권자>) / 빚이 있는, 신세를 진
274	conditional / unconditional	조건이 따라붙는 / 무조건적인(조건이 전혀 따라붙지 않은)
275	imaginative / imaginary	상상력이 풍부한, 상상의 / 상상에서만 존재하는(= fictitious)
276	come into being	생겨나다, 존재하게 되다 = begin to exist, come to be
277	in the first place	애초에, 처음엔 = at the beginning, to begin with

278	wondrous	인상적이고 대단한 = marvelous, impressive, wonderful
279	leash / unleash	개 등을 목줄로 매다 / 갑자기 풀어주다(내놓다 = release)
280	sufficient / insufficient / deficient	충분한(= ample) / 불충분한 / 결핍된(= lacking, wanting)
281	upside / downside / downfall	장점(= benefit) / 단점(= drawback) / 몰락(실패), 몰락의 원인
282	fill out A / fill out a questionnaire	A(문서 등)를 작성하다 = fill in / 설문지를 작성하다
283	appropriate / inappropriate	적절한(= proper, suitable) / 부적절한(= improper, unsuitable)
284	interfere with A / interfere in A	A를 방해하다(= prevent A) / A에 끼어들다(= intervene in A)
285	instruct / instruction / instructive	지시하다, 가르치다 / 지시, 가르침, 지침 / 가르침을 주는
286	fold / unfold / twofold / threefold	접다, 개다 / 펼치다, 상황이 전개되다 / 두 배로 / 세 배로
287	humble / polite	겸손한(= modest, unassuming), 수수한 / 공손한(= courteous)
288	in kind	반응 및 대접을 남이 해 주는 것과 같은 방식으로
289	autograph / autobiography	자필 서명(을 하다) / 자서전(⇒ biography: 전기, 일대기)
290	concise	전체를 간단히 요약한, 간결한 = brief, succinct
291	summarize / summary	요약하다(= sum up) / 요약(= abstract, synopsis)
292	feat / feast / beast	대단한 성취(위업) = achievement / 성대한 음식 / 짐승
293	stride / pride / bride	성큼성큼 걷다, 발전 / 자긍심 / 신부(↔ 신랑<groom>)
294	advent	도래(시작, 출현) = arrival, appearance, emergence
295	orbit	궤도, 궤도를 돌다(= revolve around)
296	concede / concession	시인하다(= admit), 마지못해 내놓다(= yield) / 시인, 양도
297	suspend	잠정 중단(연기)하다, 직위에서 배제하다, 걸어 놓다(= hang)
298	precede / precedence / unprecedented	앞서다 / 중요성 면에서의 우위(선행) / 전에 없던(= unheard-of)
299	be obliged to+v / obligation	의무적으로 ~해야 하다(= be required to+v) / 의무
300	immense / immerse	거대한(= huge, gigantic, massive) / 몰두하게(빠져들게) 하다
301	solemn / sullen	엄숙·진지한(= serious, grave), 진심의(= sincere) / 시무룩한
302	fierce / pierce / beard	사나운, 강렬한(= intense) / 뚫다(= penetrate) / 턱수염
303	tedious	길고 지루한 = boring, dull, monotonous
304	board / go back to the drawing board	판(널빤지), 이사회 / 원점으로(시작 단계로) 되돌아가다
305	scratch / start from scratch	긁다, 긁힌 자국 / 완전히 처음부터 다시 시작하다
306	explicit / implicit / deficit	분명한(= straightforward) / 간접(함축)적인 / 적자, 부족
307	convict / conviction	유죄 판결을 내리다, 죄수 / 유죄 판결, 확신(= strong belief)
308	evade / evasion	교묘히 회피하다(= avoid, dodge, elude) / 회피(= avoidance)

2022학년도 대학수학능력시험

영어영역(홀수형) 핵심 번호식별 문제지

영어영역(홀수형) 핵심 번호식별 문제지

1번부터 17번까지는 듣고 답하는 문제입니다. 1번부터 15번까지는 한 번만 들려주고, 16번부터 17번까지는 두 번 들려줍니다. 방송을 잘 듣고 답을 하시기 바랍니다.

1. 다음을 듣고, 여자가 하는 말의 목적으로 가장 적절한 것을 고르시오.

① 조련사 자격증 취득 방법을 설명하려고

② 동물 병원 확장 이전을 공지하려고

③ 새로 출시된 개 사료를 소개하려고

④ 반려동물 입양 절차를 안내하려고

⑤ 개 훈련 센터를 홍보하려고

W: Hello, dog lovers. Does your dog **chew up** your shoes or bark **for no reason at times**? Is it hard to **control** your dog during **walks**? You **no longer** have to worry. We'll help you solve these problems. At the Chester Dog Training Center, we have five **professional certified** trainers who will improve your dog's behavior. We also teach you how to understand your dog and what to do when it **misbehaves**. **Leave** it **to** the Chester Dog Training Center. We'll train your dog **to become** a **well-behaved** pet. Call us at 234-555-3647 or visit our website at www.chesterdogs.com.

2. 대화를 듣고, 남자의 의견으로 가장 적절한 것을 고르시오.

① 여행 전에 합리적으로 예산을 계획해야 한다.

② 여행 가서 할 것을 너무 많이 계획하면 안 된다.

③ 인생에서 자신의 원칙을 고수하는 것이 중요하다.

④ 여행은 사고의 폭을 확장시켜 사람을 성장하게 한다.

⑤ 보호자 없이 학생끼리 여행하는 것은 안전하지 않다.

M: Monica. Have you made plans for your trip to Busan?

W: Yes, Dad. I'm going to the beach and visiting an aquarium in the morning. Then I'll eat lunch at a fish market and go hiking.

M: Hold on! That **sounds** quite **demanding**.

W: You know, it's my first trip after starting college.

M: I understand, but I think you shouldn't plan too **many things to do** for a trip.

W: Well, I only have one day, and I want to **experience as much as possible**.

M: You'll **be worn out** if you **stick to** your plan. Also, **consider the time it takes to move to each place**.

W: I guess you're right. And there could be a **long waiting line** at some places.

M: Right. **That's why** you shouldn't **fill your trip plan** with too many things.

W: Okay. I'll **revise** my plan.

---

3. 대화를 듣고, 두 사람의 관계를 가장 잘 나타낸 것을 고르시오.

① 라디오 쇼 진행자 - 제빵사
② 리포터 - 과수원 주인
③ 광고주 - 요리사
④ 방송 작가 - 경제학자
⑤ 유통업자 - 농부

W: Hello, Mr. Newton. Welcome to the Delicacies Show.

M: Thanks for inviting me.

W: I want to first start talking about your famous apple bread. Can you **briefly introduce** it to our radio show listeners?

M: Sure. Instead of sugar, I use home-made apple sauce when I bake bread.

W: That's interesting. What **inspired** the **recipe**?

M: Well, one day, I saw a news report about local apple farmers. They **were experiencing difficulty due to** decreasing apple **consumption**.

W: So you **created** this new **recipe** to help the **local economy**.

M: Yes. I also thought that the apple's sweetness could **add** a special **flavor**.

W: Sounds delicious. I'll **definitely** go to your bakery and try some of your bread.

M: *Actually, I brought some for you and your radio show staff.*

W: *Oh, thank you. We'll **be back** after a **commercial break**.*
7

---

4. 대화를 듣고, 그림에서 대화의 내용과 일치하지 않는 것을 고르시오.

M: *Wow, Ms. Peters! It looks like everything **is ready for** the **exchange student welcoming** 1 **ceremony**.*

W: *Almost, Mr. Smith. What do you think?*

M: *It looks great. There's a basket **beside** the stairs. What is it for?* 2

W: *We're going to put flowers in it for the exchange students.*

M: *That'll be nice. I like the **striped tablecloth** on the table. It makes the table **look fancy**.* 3 4

W: *Yeah, I'm going to put water bottles there. What do you think about the balloons **next** 5 **to** the **welcome banner**?*

M: *They really **brighten up** the stage. Oh, look at the **bear** on the **flag**. It's cute.* 6 7

W: *Yes. It's the symbol of the exchange students' school.*

M: *I see. And you **set up** two **microphones**.* 8

W: *It's because there'll be two **MC**s.* 9

M: *Good idea. Everything looks perfect.*

5. 대화를 듣고, 남자가 할 일로 가장 적절한 것을 고르시오.

① 리본 가져오기
② 선글라스 주문하기
③ 사진사 섭외하기
④ 설문 조사 실시하기
⑤ 졸업 연설문 작성하기

W: Brian. I'm so excited about our school club photo this Friday.

M: Me, too. The photo will **be included in** our **graduation album**. Let's **check** our **preparations** for it.

W: All right. I'm going to decorate our club's room with **ribbons**.

M: You said you'll bring **some** from home, right?

W: Yes. When is the **photographer** coming?

M: The photographer is coming after lunch.

W: Great. That gives us time to get ready. You know I **surveyed** our club members about **what to wear** for the photo.

M: Right. What were the results?

W: Most of our members wanted to wear **heart-shaped** sunglasses. Now **all that's left is to buy** them for our members.

M: I know a good online store. I can order the sunglasses.

W: Could you? That'll be great.

M: No problem. I'll **take care of** that.

6. 대화를 듣고, 여자가 지불할 금액을 고르시오. [3점]

① $36   ② $45   ③ $50   ④ $54   ⑤ $60

M: Welcome to Daisy Valley Restaurant.

W: Hi. I'd like to **order** some food **to go**. How much is the shrimp pasta and the chicken salad?

M: The shrimp pasta is $20, and the chicken salad is $10.

W: I'll take two shrimp pastas and one chicken salad, please.

M: Sure. Would you like some dessert, too?

W: Yes. What do you recommend?

M: The mini cheese cake is one of the best sellers in our restaurant. It's $5 each.

W: Great! I'll order two of them.

M: Okay. Let me **confirm** your order. Two shrimp pastas, one chicken salad, and two mini cheese cakes. Is that correct?

W: Yes. And I have a birthday coupon here. Can I use it?

M: Let me see. [Pause] Yes. You can get a 10% **discount off the total**.

W: **Terrific**. I'll use this coupon. Here's my credit card.

---

7. 대화를 듣고, 남자가 탁구 연습을 할 수 없는 이유를 고르시오.

① 학교 도서관에 자원봉사를 하러 가야 해서

② 과학 퀴즈를 위한 공부를 해야 해서

③ 연극부 모임에 참가해야 해서

④ 역사 숙제를 제출해야 해서

⑤ 어깨에 통증이 있어서

W: Hey, Mike. How's your shoulder? Are you still **in pain**?

M: No, I feel totally fine, Emily. I should be ready for the **table tennis tournament**.

W: That's good to hear. Then do you want to practice with me now?

M: I'm sorry but I can't right now.

W: Why not? Do you have to **work on** your history homework?

M: No, I already **submitted** it to Mr. Jackson.

W: Oh, then I guess you have to study for the science quiz, right?

M: I think I'm ready for it. Actually, I'm **on my way to volunteer** at the school library.

W: I see. Then, don't forget about our drama club meeting tomorrow.

M: Of course not. See you there.

8. 대화를 듣고, Little Readers' Class에 관해 언급되지 <u>않은</u> 것을 고르시오.

① 장소   ② 시간   ③ 대상 연령

④ 모집 인원   ⑤ 등록 방법

M: Christine, I heard your daughter Jennifer loves reading. Unfortunately, my daughter doesn't.

W: Actually, Jennifer did**n't** enjoy reading **until** she took the Little Readers' Class. It **provides various fun reading activities**.

M: Really? It might be good for my daughter, too. Where**'s** it **held**?

W: It's held at the Stonefield Library. I have a picture of the **flyer** somewhere in my phone. [Pause] Here.

M: Oh. The class is from 4 p.m. to 5 p.m. every Monday.

W: Is that time okay for her?

M: Yeah, she's free on Monday afternoons.

W: Great. The class is for children **ages** seven to nine. Your daughter is eight years old, right?

M: Yes, she can take it. So, to **register**, I should send an email to the address on the flyer.

W: That's right. I hope the class **gets** your daughter **into** reading.

9. 2021 Family Science Festival에 관한 다음 내용을 듣고, 일치하지 <u>않는</u> 것을 고르시오.

① 12월 7일부터 일주일 동안 진행된다.

② 8개의 프로그램이 제공될 것이다.

③ 어린이 과학 잡지를 판매할 것이다.

④ 11세 미만의 어린이들은 성인을 동반해야 한다.

⑤ 참가를 위해 미리 등록해야 한다.

M: Hello, WBPR listeners. Are you looking for a chance to enjoy **quality** family **time**? Then, we invite you to the 2021 Family Science Festival. It starts on December 7th and **runs** for one week at the Bermont Science Museum **located near City Hall**. Eight programs will be offered **for** parents and children **to enjoy** together, **including robot building** and **VR simulations**. We'll also **give out** a children's **science magazine for free**. This event is open to anyone, but remember that all children **under age 11** must **be accompanied by** an adult. There's no **admission fee**, but to participate, you must **register in advance**. Come and learn about the exciting world of science with your family. For more information, visit our website, www.wbpr.com.

---

10. 다음 표를 보면서 대화를 듣고, 두 사람이 예약할 스터디 룸을 고르시오.

Study Rooms

	Room	Capacity (persons)	Available Times	Price (per hour)	Projector
①	A	2-3	9 a.m. – 11 a.m.	$10	✕
②	B	4-6	9 a.m. – 11 a.m.	$16	◯
③	C	4-6	2 p.m. – 4 p.m.	$14	✕
④	D	6-8	2 p.m. – 4 p.m.	$19	◯
⑤	E	6-9	4 p.m. – 6 p.m.	$21	✕

M: Megan, did you **reserve** a study room for our group project meeting tomorrow?

W: I'm looking at a website to book a room. Let's book it together.

M: Sure. [Pause] Oh, only these rooms are **available**.

W: Yeah. Hmm, this one is too small for us.

M: Right. We need a room **big enough to accommodate** six of us.

W: Okay. Now, let's look at the times. We all agreed to meet after 1 p.m., right?

M: Yes. Then let's **skip** this one.

W: How much can we spend on the study room?

M: Since we're meeting for two hours, I don't think we can spend more than $20 **per hour**. It's **beyond** our **budget**.

W: Then, there are two options left. Should we choose a study room **with a projector**?

M: Absolutely. We'll need it to **practice** for our **presentation**.

W: Then let's reserve this one.

---

11. 대화를 듣고, 여자의 마지막 말에 대한 남자의 응답으로 가장 적절한 것을 고르시오.

① Just give me about ten minutes.

② **It took** an hour **for us to get** back home.

③ I think you need to focus on your work.

④ **It** was nice **of you to invite** my co-workers.

⑤ Call me when you finish sending the email.

W: Honey, I'm going out for a walk. Do you want to join me?

M: Sure. But can you wait for a moment? I have to send an email to one of my

co-workers right now.

W: No problem. **How long do you think it'll take**?

M: _____

---

12. 대화를 듣고, 남자의 마지막 말에 대한 여자의 응답으로 가장 적절한 것을 고르시오.

① Excellent. I like the camera **you bought for me**.

② Good. I'll **stop by** and get it **on my way home**

③ **Never mind**. I'll **drop off** the camera tomorrow.

④ I see. **Thanks for** taking those pictures of me.

⑤ No way. That's **too expensive for** the repair.

[Telephone rings.]

M: Hello, this is Bob's Camera Shop.

W: Hi, this is Clara Patterson. I'm calling to **see if** I can **pick up** my camera today.

M: Let me check. [Clicking sound] Yes. I've finished repairing your camera.

It's ready to go.

W: _____

13. 대화를 듣고, 여자의 마지막 말에 대한 남자의 응답으로 가장 적절한 것을 고르시오.

[3점]

Man: _____

① **No worries**. Stress is not always **as bad as** you think.

② Don't forget to bring a **charger** whenever you go out.

③ Great. That'll be a good way to **take time** for yourself.

④ I think **working out** too much will **burn** all your energy.

⑤ Fantastic. Let's **enjoy ourselves** at the **exhibition** with the kids.

W: Honey, I'm home.

M: Is everything all right? You seem **low on energy**.

W: I am. I'm pretty **burnt out**.

M: It's **no wonder**. You've been so **stressed out** from work these days.

W: Yeah, I can't remember **the last time** that I really got **to enjoy myself**.

M: You need to **recharge your batteries**. Why don't you spend some time alone this weekend?

W: Maybe you're right. I might need my own personal time.

M: Yes. And don't worry about the kids. I'll take care of them.

W: Sounds good. Then let me think about what I can do.

M: You can go to the theater, ride your bike along the river, or do **whatever** makes you feel happy.

W: Well, there's an **exhibition** that I've **been interested in**.

M: _____

14. 대화를 듣고, 남자의 마지막 말에 대한 여자의 응답으로 가장 적절한 것을 고르시오.

Woman: _____

① Please check it again. The hotel can't be fully booked.

② Too bad. I should've checked out as early as possible.

③ Sure. I'm very satisfied with your cleaning service.

④ I'm sorry. You can't switch your room with mine.

⑤ Perfect. That's high enough to avoid the smell.

[Telephone rings.]

M: Front desk. How may I help you?

W: I'm in Room 201. I specifically booked a non-smoking room, but I smell cigarette smoke in my room.

M: We're sorry about that. Let me check that for you. [Typing sound] You're Wendy Parker, right?

W: Yes, that's correct.

M: Hmm, the record says we assigned you a non-smoking room.

W: Then why do I smell cigarette smoke here?

M: Well, since your room is close to the ground level, cigarette smoke must have come in from outside. Sorry for the inconvenience. Would you like to switch rooms?

W: Yes, please. The smell is really bothering me.

M: Let me first check if there are any rooms available.

W: If it's possible, I'd like to move to a higher floor. Maybe higher than the 5th floor?

M: Okay. [Typing sound] Oh, we have one. Room 908 on the 9th floor is available.

W: _____

15. 다음 상황 설명을 듣고, Jason이 Sarah에게 할 말로 가장 적절한 것을 고르시오. [3점]

Jason: _____

① Good luck. I hope you finish your work **in time**.

② Okay. Let's meet to **discuss** the changes to the **sculpture**.

③ That's terrible. I'm sorry that the **reopening** was **postponed**.

④ Hurry up. You have to send the **final design** immediately.

⑤ Don't worry. I can **get the job done** before the **deadline**.

W: Jason is a sculptor and Sarah is the **head** of a **local library**. A few days ago, Sarah **hired** Jason **to create** a **sculpture** for the library's reopening by the end of next month. This morning, Sarah received the final design of the sculpture from Jason. She likes his design, but it looks quite **complicated** to her. She's worried whether he can finish in time, so she calls him to **express** her **concern**. However, Jason thinks that he has enough time to make it **since** he has worked on these types of sculptures before. So Jason wants to tell Sarah **that** he can finish it in time and **that** she **doesn't have to be concerned**. In this situation, what would Jason most likely say to Sarah?

[16 ~ 17] 다음을 듣고, 물음에 답하시오.

16. 남자가 하는 말의 주제로 가장 적절한 것은?

① **effects** of **incorporating** painting **into** math education

② mathematical **analysis** of the **art industry**'s growth

③ **application** of mathematics in different types of art

④ historical **review** of important **concepts** in the arts

⑤ **challenges** of **harmonizing** mathematics and art

17. 언급된 예술 분야가 <u>아닌</u> 것은?

① music   ② painting   ③ photography

④ dance   ⑤ cinema

M: Good morning, students. You might think that math is **all about** boring **formulas**, but [6] actually it **involves** much more. Today, we'll learn how mathematics is used in the arts. [7] First, let's take music. Early mathematicians found that **dividing or multiplying sound** [8] [9] **frequencies** created different musical **notes**. Many musicians started applying this [10] mathematical concept **to make** harmonized sounds. Second, painting **frequently** uses [11] math **concepts**, particularly the "Golden Ratio." **Using** this, great painters created [12] [13] **masterpieces** that **display accurate proportions**. The Mona Lisa **is well-known for** its [14] [15] [16] **accurate proportionality**. **Photography** is another example of using mathematical ideas. [17] Photographers **divide** their **frames** into **3 by 3 sections** and **place** their **subjects** along [18] the lines. **By doing so**, the photo becomes **balanced**, thus more **pleasing**. **Lastly**, dance [19] [20] **applies** mathematics to **position** dancers on the stage. In ballet, dancers **calculate** [21] **distances between** themselves **and** other dancers, and **adjust to** the size of the stage. [22] This gives the **impression** of **harmonious** movement. I hope you've **gained** a new [23] [24] **perspective** on mathematics.

이제 듣기 문제가 끝났습니다. 18번부터는 문제지의 지시에 따라 답을 하시기 바랍니다.

훼손하다, 약화시키다 und___

A에 의존하다 re___ to A

도적적으로 바른, 정당한 rig___

18. 다음 글의 목적으로 가장 적절한 것은?

Dear Ms. Green,

My name is Donna Williams, a science teacher at Rogan High School. I am **planning** a **special workshop** for our science teachers. We are interested in learning how to teach online science classes. I have **been impressed with** your ideas about using **internet platforms** for science classes. Since you are an **expert** in **online education**, I would like to ask you to **deliver** a **special lecture** at the workshop **scheduled** for next month. I am sure the lecture will help our teachers **manage** successful online science classes, and I hope we can learn from your **insights**. I am **looking forward to** hearing from you.

Sincerely,

Donna Williams

① 과학 교육 정책 협의회 참여를 독려하려고
② 과학 교사 워크숍의 특강을 부탁하려고
③ 과학 교사 채용 계획을 공지하려고
④ 과학 교육 프로그램 개발을 요청하려고
⑤ 과학 교육 워크숍 일정의 변경을 안내하려고

19. 다음 글에 나타난 Evelyn의 심경 변화로 가장 적절한 것은?

It was Evelyn's first time to **explore** the Badlands of Alberta, **famous** across Canada for its **numerous dinosaur fossils**. **As** a young **amateur bone-hunter**, she was **overflowing** with **anticipation**. She **had not travelled this far** for the bones of **common dinosaur species**. Her **life-long dream** to find **rare fossils** of dinosaurs **was about to come true**. She began **eagerly** searching for them. After many hours of **wandering throughout** the **deserted** lands, however, she was **unsuccessful**. Now, the sun was beginning to **set**, and her goal was still far **beyond her reach**. **Looking** at the slowly darkening ground before her, she **sighed** to herself, "I can't believe I **came all this way** for nothing. **What a waste of time**!"

① **confused** → **scared**

② **discouraged** → **confident**

③ relaxed → **annoyed**

④ **indifferent** → **depressed**

⑤ **hopeful** → **disappointed**

20. 다음 글에서 필자가 주장하는 바로 가장 적절한 것은?

One of the most **common mistakes made** by **organizations** when they first **consider experimenting with** social media is **that** they **focus** too much **on** social media **tools** and **platforms** and **not** enough on their business **objectives**. The **reality** of **success** in the **social web** for businesses is **that** creating a social media program begins **not** with **insight** into the **latest** social media **tools** and **channels but** with a **thorough** understanding of the organization's own **goals** and **objectives**. A social media program is **not merely** the **fulfillment** of a **vague** need to **manage** a **"presence"** on popular social networks because "**everyone else is doing it**." "**Being** in social media" **serves no purpose in and of itself**. **In order to serve any purpose at all**, a social media presence **must either solve** a problem for the **organization** and its **customers or result in** an **improvement of some sort** (**preferably** a **measurable** one). **In all things**, **purpose drive success**. The world of social media **is no different**.

① 기업 이미지에 부합하는 소셜 미디어를 직접 개발하여 운영해야 한다.

② 기업은 사회적 가치와 요구를 반영하여 사업 목표를 수립해야 한다.

③ 기업은 소셜 미디어를 활용할 때 사업 목표를 토대로 해야 한다.

④ 소셜 미디어로 제품을 홍보할 때는 구체적인 정보를 제공해야 한다.

⑤ 소비자의 의견을 수렴하기 위해 소셜 미디어를 적극 활용해야 한다.

21. 밑줄 친 whether to make ready for the morning commute or not이 다음 글에서 의미하는 바로 가장 적절한 것은? [3점]

Scientists have no special **purchase** on **moral** or **ethical** decisions; a **climate scientist** is **no more** qualified to **comment** on **health care reform than** a **physicist** is to **judge** the **causes** of **bee colony collapse**. The **very features** that create **expertise** in a **specialized domain lead to ignorance** in many others. **In some cases lay people** — **farmers, fishermen, patients, native peoples** — may have **relevant** experiences that scientists can learn from. Indeed, in recent years, scientists have begun to **recognize** this: the **Arctic Climate Impact Assessment** includes **observations gathered** from local native groups. So our **trust** needs to be **limited**, and **focused**. It needs to be very **particular**. **Blind trust** will **get us into at least as much** trouble **as** no trust at all. But without some **degree** of trust in our **designated** experts — the men and women who have **devoted** their lives **to sorting out** tough questions about the **natural world** we live in — we are **paralyzed**, **in effect not knowing whether to make ready for** the morning **commute** or not.

* lay: 전문가가 아닌 ** paralyze: 마비시키다 *** commute: 통근

① **questionable** facts that have been **popularized** by non-experts

② **readily applicable** information **offered by** specialized experts

③ **common** knowledge that **hardly** influences **crucial** decisions

④ **practical** information **produced by** both specialists and lay people

⑤ **biased** knowledge that is **widespread** in the local community

22. 다음 글의 요지로 가장 적절한 것은?

Environmental hazards include **biological**, **physical**, and **chemical ones**, **along with** the human behaviors that **promote** or allow **exposure**. Some environmental **contaminants** are difficult to **avoid** (the **breathing** of **polluted** air, the drinking of **chemically contaminated** public drinking water, **noise** in open **public spaces**); in these **circumstances**, **exposure** is **largely involuntary**. **Reduction** or **elimination** of these **factors** may **require societal action**, **such as** public **awareness** and public health **measures**. In many countries, the fact **that** some environmental hazards are difficult to avoid **at the individual level is felt to be** more **morally** egregious than those **hazards** that can be **avoided**. **Having** **no choice but to drink** water **contaminated** with very high levels of arsenic, or **being forced to passively** breathe in **tobacco smoke** in restaurants, **outrages** people more than the **personal choice** of whether an individual smokes **tobacco**. These **factors** are important when one considers **how** change (risk reduction) happens.

* contaminate: 오염시키다 ** egregious: 매우 나쁜

① 개인이 피하기 어려운 유해 환경 요인에 대해서는 사회적 대응이 필요하다.

② 환경오염으로 인한 피해자들에게 적절한 보상을 하는 것이 바람직하다.

③ 다수의 건강을 해치는 행위에 대해 도덕적 비난 이상의 조치가 요구된다.

④ 환경오염 문제를 해결하기 위해서는 사후 대응보다 예방이 중요하다.

⑤ 대기오염 문제는 인접 국가들과의 긴밀한 협력을 통해 해결할 수 있다.

23. 다음 글의 주제로 가장 적절한 것은? [3점]

Scientists use **paradigms rather than** believing them. The use of a **paradigm** in research **typically addresses** related problems by **employing shared concepts**, **symbolic expressions**, **experimental** and **mathematical tools** and **procedures**, and even some of the same **theoretical statements**. Scientists **need only** understand how to use these various **elements in ways that** others would **accept**. **These elements** of **shared practice thus need not presuppose** any **comparable unity** in scientists' **beliefs** about **what they are doing** when they use **them**. **Indeed**, one **role** of a **paradigm** is to **enable** scientists **to work successfully without** having to **provide** a detailed **account of what they are doing** or what they believe about **it**. Thomas Kuhn **noted that** scientists "can **agree** in their **identification** of a **paradigm** without **agreeing on**, or even **attempting to produce**, **a full interpretation or rationalization of it**. Lack of a **standard interpretation** or of an **agreed reduction** to rules will not **prevent** a paradigm **from guiding** research."

① difficulty in **drawing** novel theories **from** existing paradigms
② **significant** influence of personal beliefs in scientific fields
③ **key factors** that **promote** the **rise of innovative paradigms**
④ **roles** of a paradigm in grouping **like-minded** researchers
⑤ **functional aspects** of a paradigm in scientific research

24. 다음 글의 제목으로 가장 적절한 것은?

Mending and restoring objects often require even more creativity than original production. The preindustrial blacksmith made things to order for people in his immediate community; customizing the product, modifying or transforming it according to the user, was routine. Customers would bring things back if something went wrong; repair was thus an extension of fabrication. With industrialization and eventually with mass production, making things became the province of machine tenders with limited knowledge. But repair continued to require a larger grasp of design and materials, an understanding of the whole and a comprehension of the designer's intentions. "Manufacturers all work by machinery or by vast subdivision of labour and not, so to speak, by hand," an 1896 Manual of Mending and Repairing explained. "But all repairing must be done by hand. We can make every detail of a watch or of a gun by machinery, but the machine cannot mend it when broken, much less a clock or a pistol!"

① Still Left to the Modern Blacksmith: The Art of Repair
② A Historical Survey of How Repairing Skills Evolved
③ How to Be a Creative Repairperson: Tips and Ideas
④ A Process of Repair: Create, Modify, Transform!
⑤ Can Industrialization Mend Our Broken Past?

25. 다음 도표의 내용과 일치하지 <u>않는</u> 것은?

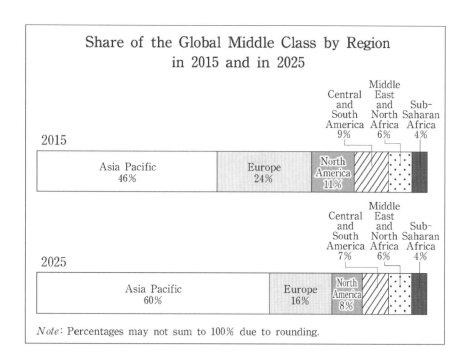

The above graphs show the **percentage share** of the global **middle class by region** in 2015 and its **projected** share in 2025. ① **It** is projected **that** the share of the global middle class in Asia Pacific will increase from 46 percent in 2015 to 60 percent in 2025. ② **The projected share** of Asia Pacific in 2025, **the largest among the six regions**, is more than three times **that** of Europe in the same year. ③ The **shares** of Europe and North America **are** both **projected to decrease**, from 24 percent in 2015 to 16 percent in 2025 for Europe, and from 11 percent in 2015 to 8 percent in 2025 for North America. ④ Central and South America **is not expected to change** from 2015 to 2025 in its share of the global middle class. ⑤ In 2025, **the share** of the Middle East and North Africa will **be** larger than **that** of sub-Saharan Africa, as it **was** in 2015.

26. Donato Bramante에 관한 다음 글의 내용과 일치하지 <u>않는</u> 것은?

Donato Bramante, born in Fermignano, Italy, began to paint **early in his life**. His father **encouraged** him **to study** painting. Later, he **worked as** an **assistant** of Piero della Francesca in Urbino. Around 1480, he built **several churches** in a **new style** in Milan. He had a **close relationship** with Leonardo da Vinci, and they worked together in that city. **Architecture** became his **main interest**, but he did not **give up** painting. Bramante moved to Rome in 1499 and **participated in Pope** Julius II's **plan for** the **renewal** of Rome. He planned the new Basilica of St. Peter in Rome — one of the most **ambitious** building **projects** in the history of **humankind**. Bramante died on April 11, 1514 and **was buried** in Rome. His buildings **influenced** other **architects for centuries**.

① Piero della Francesca의 조수로 일했다.

② Milan에서 새로운 양식의 교회들을 건축했다.

③ 건축에 주된 관심을 갖게 되면서 그림 그리기를 포기했다.

④ Pope Julius II의 Rome 재개발 계획에 참여했다.

⑤ 그의 건축물들은 다른 건축가들에게 영향을 끼쳤다.

27. Cornhill No Paper Cup Challenge에 관한 다음 안내문의 내용과 일치하지 <u>않는</u> 것은?

Cornhill No Paper Cup Challenge

Cornhill High School invites you to **join** the "No Paper Cup **Challenge**." This **encourages** you **to reduce** your use of paper cups. Let's save the earth together!

How to Participate

1) After **being chosen**, **record** a video **showing** you are using a tumbler.
2) Choose the **next participant** by saying his or her name in the video.
3) **Upload** the video to our school website **within 24 hours**.
※ The **student council president** will **start the challenge** on December 1st, 2021.

Additional Information

· The challenge will **last** for two weeks.
· All **participants** will receive T-shirts.

If you have questions about the challenge, contact us at cornhillsc@chs.edu.

① 참가자는 텀블러를 사용하는 자신의 동영상을 찍는다.
② 참가자가 동영상을 업로드할 곳은 학교 웹사이트이다.
③ 학생회장이 시작할 것이다.
④ 두 달 동안 진행될 예정이다.
⑤ 참가자 전원이 티셔츠를 받을 것이다.

28. Goldbeach SeaWorld Sleepovers에 관한 다음 안내문의 내용과 일치하는 것은?

Goldbeach SeaWorld Sleepovers

Do your children love **marine animals**? A **sleepover** at Goldbeach SeaWorld will surely be an exciting **overnight** experience for them. Join us for a magical **underwater** sleepover.

Participants

- Children **ages** 8 to 12
- Children must **be accompanied by** a **guardian**.

When: Saturdays 5 p.m. to Sundays 10 a.m. in May, 2022

Activities: **guided tour**, **underwater** show, and **photo session** with a **mermaid**

Participation Fee

- $50 **per person** (dinner and breakfast **included**)

Note

- **Sleeping bags** and other **personal items** will not **be provided**.
- All activities **take place indoors**.
- Taking photos **is not allowed** from 10 p.m. to 7 a.m.

For more information, you can visit our website at www.goldbeachseaworld.com.

① 7세 이하의 어린이가 참가할 수 있다.

② 평일에 진행된다.

③ 참가비에 아침 식사가 포함된다.

④ 모든 활동은 야외에서 진행된다.

⑤ 사진 촬영은 언제든지 할 수 있다.

29. 다음 글의 밑줄 친 부분 중, 어법상 틀린 것은? [3점]

Like **whole individuals**, **cells** have a **life span**. During their **life cycle** (cell cycle), cell size, shape, and **metabolic activities** can change **dramatically**. A cell **is "born"** as a **twin** when its mother cell **divides**, ① **producing** two daughter cells. Each daughter cell is smaller than the mother cell, and **except for** unusual cases, each grows until it becomes as **large** as the mother cell ② **was**. During this time, the cell **absorbs** water, sugars, **amino acids**, and other **nutrients** and **assembles** them into new, living protoplasm. After the cell has grown to the **proper** size, its **metabolism shifts** as it either **prepares** to divide or **matures** and ③ **differentiates** into a **specialized** cell. Both **growth** and **development** require a **complex** and **dynamic** set of **interactions** involving all cell parts. ④ **What** cell metabolism and structure **should** be complex would not be **surprising**, but actually, they are **rather** simple and **logical**. **Even** the most **complex** cell has only **a small number of** parts, **each** ⑤ **responsible** for a **distinct**, **well-defined aspect** of cell life.

* metabolic: 물질대사의 ** protoplasm: 원형질

30. 다음 글의 밑줄 친 부분 중, 문맥상 낱말의 쓰임이 적절하지 <u>않은</u> 것은?

It has been suggested that "organic" methods, defined as those in which only natural products can be used as inputs, would be less damaging to the biosphere. Large-scale adoption of "organic" farming methods, however, would ① <u>reduce</u> yields and increase production costs for many major crops. Inorganic nitrogen supplies are ② <u>essential</u> for maintaining moderate to high levels of productivity for many of the non-leguminous crop species, because organic supplies of nitrogenous materials often are either limited or more expensive than inorganic nitrogen fertilizers. In addition, there are ③ <u>benefits</u> to the extensive use of either manure or legumes as "green manure" crops. In many cases, weed control can be very difficult or require much hand labor if chemicals cannot be used, and ④ <u>fewer</u> people are willing to do this work as societies become wealthier. Some methods used in "organic" farming, however, such as the sensible use of crop rotations and specific combinations of cropping and livestock enterprises, can make important ⑤ <u>contributions</u> to the sustainability of rural ecosystems.

* nitrogen fertilizer: 질소 비료 ** manure: 거름 *** legume: 콩과(科) 식물

[31 ~ 34] 다음 빈칸에 들어갈 말로 가장 적절한 것을 고르시오.

31. Humour involves not just practical disengagement but cognitive disengagement. As long as something is funny, we are for the moment not concerned with whether it is real or fictional, true or false. This is why we give considerable leeway to people telling funny stories. If they are getting extra laughs by exaggerating the silliness of a situation or even by making up a few details, we are happy to grant them comic licence, a kind of poetic licence. Indeed, someone listening to a funny story who tries to correct the teller — 'No, he didn't spill the spaghetti on the keyboard and the monitor, just on the keyboard' — will probably be told by the other listeners to stop interrupting. The creator of humour is putting ideas into people's heads for the pleasure those ideas will bring, not to provide _____ information.

* cognitive: 인식의 ** leeway: 여지

① accurate
② detailed
③ useful
④ additional
⑤ alternative

32. News, especially in its **televised form**, is **constituted** not only by its choice of **topics** and **stories** but by its _____. **Presentational** styles have **been subject to** a **tension** between an **informational-educational** purpose and the need to **engage** us **entertainingly**. While **current affairs** programmes are often 'serious' in **tone sticking to** the 'rules' of **balance**, more **popular** programmes **adopt** a friendly, **lighter**, **idiom in which** we **are invited to consider** the **impact** of **particular** news **items** from the **perspective** of the 'average person in the street'. Indeed, **contemporary** news **construction** has **come to rely on** an **increased** use of faster **editing tempos** and 'flashier' presentational styles **including** the use of **logos**, **sound-bites**, **rapid visual cuts** and the 'star quality' of **newsreaders**. **Popular formats** can **be said to enhance** understanding by **engaging** an **audience unwilling** to endure the longer **verbal orientation** of older **news formats**. However, they **arguably** work to **reduce** understanding by **failing to** provide the **structural contexts** for news events.

① **coordination** with traditional **display techniques**

② **prompt** and **full coverage** of the **latest issues**

③ **educational media contents favoured** by **producers**

④ **commitment to long-lasting news standards**

⑤ **verbal** and **visual idioms** or **modes** of **address**

33. Elinor Ostrom found that there are several factors **critical** to **bringing about stable institutional solutions** to the problem of the **commons**. She **pointed out**, for instance, **that** the **actors affected** by the rules for the use and care of **resources** must have the **right to** _____. **For that reason**, the people who **monitor** and **control** the **behavior** of users should also be users and/or have been given a **mandate** by all users. This is a **significant insight**, **as** it shows that **prospects** are **poor** for a **centrally directed** solution to the problem of the commons **coming** from a state power **in comparison with** a local solution **for which** users **assume** personal **responsibility**. Ostrom also **emphasizes** the importance of **democratic decision processes** and **that** all users must be given **access** to **local forums** for solving problems and **conflicts** among themselves. **Political institutions** at **central**, **regional**, and **local** levels must **allow** users **to devise** their own **regulations** and **independently** ensure observance. [3점]

* commons: 공유지 ** mandate: 위임

① **participate** in decisions to change the rules
② **claim individual ownership** of the resources
③ use those resources to **maximize** their **profits**
④ **demand** free access to the **communal** resources
⑤ **request proper distribution** based on their **merits**

34. **Precision** and **determinacy** are a necessary **requirement** for all **meaningful** scientific **debate**, and **progress** in the sciences is, **to a large extent**, the **ongoing process** of **achieving** ever greater **precision**. But historical representation **puts a premium on** a **proliferation** of **representations**, **hence not** on the **refinement** of one **representation but** on the **production** of an ever more **varied** set of **representations**. Historical **insight** is **not** a matter **of** a **continuous** "narrowing down" of **previous options**, **not of** an **approximation** of the truth, **but**, **on the contrary**, is an "**explosion**" of possible **points of view**. It therefore **aims at** the **unmasking** of **previous illusions** of **determinacy** and **precision** by the **production** of new and **alternative** representations, **rather than at achieving** truth by a careful **analysis** of what was **right** and **wrong** in those previous representations. And from this perspective, the **development** of **historical insight** may indeed **be regarded** by the **outsider as** a **process** of **creating** ever more **confusion**, a **continuous questioning** of _____, rather than, as in the sciences, an ever greater approximation to the truth. [3점]

* proliferation: 증식

① **criteria** for **evaluating historical representations**
② **certainty** and **precision seemingly achieved** already
③ **possibilities** of **alternative interpretations** of an event
④ **coexistence** of **multiple viewpoints** in **historical writing**
⑤ **correctness** and **reliability** of historical **evidence collected**

35. 다음 글에서 전체 흐름과 관계 <u>없는</u> 문장은?

Since their **introduction**, **information systems** have **substantially** changed the way **business** is **conducted**. ① This is **particularly** true for business in the **shape** and **form** of **cooperation** between **firms** that **involves** an **integration** of **value chains** across **multiple units**. ② The **resulting networks** do **not only** cover the business units of a **single firm** but typically **also** include **multiple** units from different **firms**. ③ **As a consequence**, firms do **not only** need to **consider** their **internal organization in order to ensure sustainable business performance**; they also need to **take into account** the **entire ecosystem** of units **surrounding** them. ④ Many **major** companies are **fundamentally** changing their **business models** by **focusing on profitable units** and **cutting off** less **profitable** ones. ⑤ **In order to allow** these different units **to cooperate** successfully, the **existence** of a **common platform** is **crucial**.

[36~37] 주어진 글 다음에 이어질 글의 순서로 가장 적절한 것을 고르시오.

36.

According to the **market response model**, **it is** increasing prices **that drive** providers **to search** for new sources, innovators **to substitute**, consumers **to conserve**, and alternatives **to emerge**.

(A) Many examples of such "**green taxes**" **exist**. **Facing** landfill costs, **labor expenses**, and **related costs** in the **provision** of **garbage disposal**, for example, some cities have **required households** to **dispose of** all waste in special **trash bags**, **purchased** by **consumers** themselves, and often **costing** a dollar or more **each**.

(B) **Taxing** certain **goods** or **services**, and so **increasing** prices, **should** result in **either decreased use** of these resources **or creative innovation** of new sources or options. The money **raised** through the tax can be used **directly** by the **government** either to **supply** services or to search for **alternatives**.

(C) The results have **been greatly increased recycling** and **more careful attention** by consumers to **packaging** and **waste**. By **internalizing** the costs of trash to consumers, there has been an **observed decrease** in the **flow** of **garbage** from **households**.

① (A) - (C) - (B)　　　　　② (B) - (A) - (C)

③ (B) - (C) - (A)　　　　　④ (C) - (A) - (B)

⑤ (C) - (B) - (A)

37.

In spite of the likeness between the fictional and real world, the fictional world deviates from the real one in one important respect.

(A) The author has selected the content according to his own worldview and his own conception of relevance, in an attempt to be neutral and objective or convey a subjective view on the world. Whatever the motives, the author's subjective conception of the world stands between the reader and the original, untouched world on which the story is biased.

(B) Because of the inner qualities with which the individual is endowed through heritage and environment, the mind functions as a filter; every outside impression that passes through it is filtered and interpreted. However, the world the reader encounters in literature is already processed and filtered by another consciousness.

(C) The existing world faced by the individual is in principle an infinite chaos of events and details before it is organized by a human mind. This chaos only gets processed and modified when perceived by a human mind. [3점]

* deviate: 벗어나다 ** endow: 부여하다 *** heritage: 유산

① (A) - (C) - (B) ② (B) - (A) - (C)
③ (B) - (C) - (A) ④ (C) - (A) - (B)
⑤ (C) - (B) - (A)

[38~39] 글의 흐름으로 보아, 주어진 문장이 들어가기에 가장 적절한 곳을 고르시오.

38.

Retraining current employees for **new positions** within the company will also greatly **reduce** their **fear** of being **laid off**.

Introduction of robots into factories, while **employment** of **human workers** is being reduced, **creates** worry and fear. (①) **It** is the **responsibility** of **management to prevent** event or, **at least**, **to ease** these fears. (②) For example, robots could **be introduced** only in new **plants rather than replacing** humans in **existing assembly lines**. (③) Workers should **be included** in the **planning** for new factories or the **introduction** of robots into **existing plants**, **so** they can **participate in** the **process**. (④) **It may be that** robots **are needed to reduce** manufacturing costs **so that** the company **remains competitive**, but **planning** for such **cost reductions** should be done **jointly** by **labor** and **management**. (⑤) **Since** robots **are particularly good at** highly **repetitive** simple **motions**, the **replaced human workers** should be moved to **positions where judgment** and **decisions beyond** the abilities of robots **are required**.

39.

As long as the irrealism of the silent black and white film predominated, one could not take filmic fantasies for representations of reality.

Cinema is valuable not for its ability to make visible the hidden outlines of our reality, but for its ability to reveal what reality itself veils — the dimension of fantasy. (①) This is why, to a person, the first great theorists of film decried the introduction of sound and other technical innovations (such as color) that pushed film in the direction of realism. (②) Since cinema was an entirely fantasmatic art, these innovations were completely unnecessary. (③) And what's worse, they could do nothing but turn filmmakers and audiences away from the fantasmatic dimension of cinema, potentially transforming film into a mere delivery device for representations of reality. (④) But sound and color threatened to create just such an illusion, thereby destroying the very essence of film art. (⑤) As Rudolf Arnheim puts it, "The creative power of the artist can only come into play where reality and the medium of representation do not coincide."

[3점]

* decry: 공공연히 비난하다 ** fantasmatic: 환상의

40. 다음 글의 내용을 한 문장으로 요약하고자 한다. 빈칸 (A), (B)에 들어갈 말로 가장 적절한 것은?

Philip Kitcher and Wesley Salmon have **suggested that** there are two possible **alternatives** among **philosophical theories** of explanation. One is the view **that** scientific explanation **consists in** the **unification** of **broad bodies** of **phenomena under** a **minimal** number of **generalizations**. According to this view, the (or perhaps, a) **goal** of science is to **construct** an **economical framework** of **laws** or **generalizations** that **are capable of** subsuming all **observable phenomena**. Scientific explanations **organize** and **systematize** our **knowledge** of the **empirical** world; **the more economical** the **systematization**, **the deeper** our understanding of **what is explained**. The other view is the **causal/mechanical approach**. According to it, a scientific explanation of a phenomenon **consists of uncovering** the **mechanisms** that **produced** the phenomenon of **interest**. This view **sees** the explanation of individual events **as primary**, **with** the explanation of generalizations **flowing** from them. **That is**, the **explanation** of **scientific generalizations** comes from the **causal mechanisms** that **produce** the **regularities**.

* subsume: 포섭(포함)하다 ** empirical: 경험적인

↓

Scientific explanations can be made **either by** seeking the _____(A)_____ **number of principles** covering all observations **or by** finding general _____(B)_____ **drawn from individual phenomena**.

	(A)	(B)		(A)	(B)
①	**least**	⋯ patterns	②	**fixed** ⋯ features	
③	**limited**	⋯ functions	④	fixed ⋯ rules	
⑤	least	⋯ assumptions			

[41 ~ 42] 다음 글을 읽고, 물음에 답하시오.

Classifying things together into groups is something we do all the time, and it isn't hard to see why. Imagine trying to shop in a supermarket where the food was arranged in random order on the shelves: tomato soup next to the white bread in one aisle, chicken soup in the back next to the 60-watt light bulbs, one brand of cream cheese in front and another in aisle 8 near the cookies. The task of finding what you want would be (a) time-consuming and extremely difficult, if not impossible. In the case of a supermarket, someone had to (b) design the system of classification. But there is also a ready-made system of classification embodied in our language. The word "dog," for example, groups together a certain class of animals and distinguishes them from other animals. Such a grouping may seem too (c) abstract to be called a classification, but this is only because you have already mastered the word. As a child learning to speak, you had to work hard to (d) learn the system of classification your parents were trying to teach you. Before you got the hang of it, you probably made mistakes, like calling the cat a dog. If you hadn't learned to speak, the whole world would seem like the (e) unorganized supermarket; you would be in the position of an infant, for whom every object is new and unfamiliar. In learning the principles of classification, therefore, we'll be learning about the structure that lies at the core of our language.

41. 윗글의 제목으로 가장 적절한 것은?

① Similarities of Strategies in Sales and Language Learning
② Classification: An Inherent Characteristic of Language
③ Exploring Linguistic Issues Through Categorization
④ Is a Ready-Made Classification System Truly Better?
⑤ Dilemmas of Using Classification in Language Education

42. 밑줄 친 (a) ~ (e) 중에서 문맥상 낱말의 쓰임이 적절하지 않은 것은? [3점]

① (a)   ② (b)   ③ (c)   ④ (d)   ⑤ (e)

[43 ~ 45] 다음 글을 읽고, 물음에 답하시오.

(A)

In the gym, members of the taekwondo club **were busy practicing**. Some were trying to kick **as high as** they could, and some were **striking** the **sparring pad**. Anna, the **head** of the club, was teaching the new members **basic moves**. **Close by**, her friend Jane was assisting Anna. Jane **noticed** that Anna was **glancing at** the **entrance door** of the gym. She seemed to be **expecting** someone. At last, when Anna **took a break**, Jane **came over to** (a) her and asked, "Hey, are you waiting for Cora?"

(B)

Cora **walked in** like a **wounded soldier** with **bandages** on her face and arms. **Surprised**, Anna and Jane simply looked at her **with their eyes wide open**. Cora explained, "I'm sorry I've been **absent**. I **got into** a bicycle **accident**, and I was in the hospital for two days. Finally, the doctor gave me the okay to practice." Anna said excitedly, "No problem! We're **thrilled** to **have you back**!" Then, Jane gave Anna an **apologetic look**, and (b) she **responded** with a friendly **pat** on Jane's shoulder.

(C)

Anna answered the question by **nodding uneasily**. In fact, Jane knew what her friend was thinking. Cora was a new member, **whom** Anna had personally invited to join the club. Anna really liked (c) her. Although her **budget** was **tight**, Anna bought Cora a taekwondo **uniform**. When she received it, Cora thanked her and promised, "I'll come to practice and work hard every day." However, **unexpectedly**, she came to practice **only once** and then never **showed up** again.

(D)

Since Cora had missed several practices, Anna wondered what could have happened. Jane, on the other hand, was disappointed and said judgingly, "Still waiting for her, huh? I can't believe (d) you don't feel disappointed or angry. Why don't you forget about her?" Anna replied, "Well, I know most newcomers don't keep their commitment to the club, but I thought that Cora would be different. She said she would come every day and practice." Just as Jane was about to respond to (e) her, the door swung open. There she was!

43. 주어진 글 (A)에 이어질 내용을 순서에 맞게 배열한 것으로 가장 적절한 것은?

① (B) - (D) - (C)
② (C) - (B) - (D)
③ (C) - (D) - (B)
④ (D) - (B) - (C)
⑤ (D) - (C) - (B)

44. 밑줄 친 (a) ~ (e) 중에서 가리키는 대상이 나머지 넷과 다른 것은?

① (a)　　② (b)　　③ (c)　　④ (d)　　⑤ (e)

45. 윗글에 관한 내용으로 적절하지 않은 것은?

① Anna는 신입 회원에게 태권도를 가르쳤다.

② Anna와 Jane은 Cora를 보고 놀라지 않았다.

③ Anna는 Cora에게 태권도 도복을 사 주었다.

④ Cora는 여러 차례 연습에 참여하지 않았다.

⑤ Anna는 Cora를 대다수의 신입 회원과 다를 것이라 생각했다.

enroll [inróul]

intrinsic [intrínzik]

epidemic [èpədémik]

2022학년도 대학수학능력시험

영어영역(홀수형) 문제지

2022학년도 대학수학능력시험
영어영역(홀수형) 문제지

1번부터 17번까지는 듣고 답하는 문제입니다. 1번부터 15번까지는 한 번만 들려주고, 16번부터 17번까지는 두 번 들려줍니다. 방송을 잘 듣고 답을 하시기 바랍니다.

1. 다음을 듣고, 여자가 하는 말의 목적으로 가장 적절한 것을 고르시오.
① 조련사 자격증 취득 방법을 설명하려고
② 동물 병원 확장 이전을 공지하려고
③ 새로 출시된 개 사료를 소개하려고
④ 반려동물 입양 절차를 안내하려고
⑤ 개 훈련 센터를 홍보하려고

2. 대화를 듣고, 남자의 의견으로 가장 적절한 것을 고르시오.
① 여행 전에 합리적으로 예산을 계획해야 한다.
② 여행 가서 할 것을 너무 많이 계획하면 안 된다.
③ 인생에서 자신의 원칙을 고수하는 것이 중요하다.
④ 여행은 사고의 폭을 확장시켜 사람을 성장하게 한다.
⑤ 보호자 없이 학생끼리 여행하는 것은 안전하지 않다.

3. 대화를 듣고, 두 사람의 관계를 가장 잘 나타낸 것을 고르시오.

① 라디오 쇼 진행자 - 제빵사　　② 리포터 - 과수원 주인

③ 광고주 - 요리사　　　　　　④ 방송 작가 - 경제학자

⑤ 유통업자 - 농부

책다, 강한 인상을 주다 imp_____

4. 대화를 듣고, 그림에서 대화의 내용과 일치하지 않는 것을 고르시오.

A에 걸린 f_____ up with A

5. 대화를 듣고, 남자가 할 일로 가장 적절한 것을 고르시오.

① 리본 가져오기　　　　　② 선글라스 주문하기

③ 사진사 섭외하기　　　　④ 설문 조사 실시하기

⑤ 졸업 연설문 작성하기

세균, 병원균/보석 g_____ / g_____

6. 대화를 듣고, 여자가 지불할 금액을 고르시오. [3점]

① $36   ② $45   ③ $50   ④ $54   ⑤ $60

7. 대화를 듣고, 남자가 탁구 연습을 할 수 <u>없는</u> 이유를 고르시오.

① 학교 도서관에 자원봉사를 하러 가야 해서

② 과학 퀴즈를 위한 공부를 해야 해서

③ 연극부 모임에 참가해야 해서

④ 역사 숙제를 제출해야 해서

⑤ 어깨에 통증이 있어서

8. 대화를 듣고, Little Readers' Class에 관해 언급되지 <u>않은</u> 것을 고르시오.

① 장소   ② 시간   ③ 대상 연령

④ 모집 인원   ⑤ 등록 방법

9. 2021 Family Science Festival에 관한 다음 내용을 듣고, 일치하지 <u>않는</u> 것을 고르시오.

① 12월 7일부터 일주일 동안 진행된다.

② 8개의 프로그램이 제공될 것이다.

③ 어린이 과학 잡지를 판매할 것이다.

④ 11세 미만의 어린이들은 성인을 동반해야 한다.

⑤ 참가를 위해 미리 등록해야 한다.

10. 다음 표를 보면서 대화를 듣고, 두 사람이 예약할 스터디 룸을 고르시오.

Study Rooms

	Room	Capacity (persons)	Available Times	Price (per hour)	Projector
①	A	2-3	9 a.m. − 11 a.m.	$10	✕
②	B	4-6	9 a.m. − 11 a.m.	$16	◯
③	C	4-6	2 p.m. − 4 p.m.	$14	✕
④	D	6-8	2 p.m. − 4 p.m.	$19	◯
⑤	E	6-9	4 p.m. − 6 p.m.	$21	✕

11. 대화를 듣고, 여자의 마지막 말에 대한 남자의 응답으로 가장 적절한 것을 고르시오.

① Just give me about ten minutes.

② It took an hour for us to get back home.

③ I think you need to focus on your work.

④ It was nice of you to invite my co-workers.

⑤ Call me when you finish sending the email.

12. 대화를 듣고, 남자의 마지막 말에 대한 여자의 응답으로 가장 적절한 것을 고르시오.

① Excellent. I like the camera you bought for me.

② Good. I'll stop by and get it on my way home.

③ Never mind. I'll drop off the camera tomorrow.

④ I see. Thanks for taking those pictures of me.

⑤ No way. That's too expensive for the repair.

13. 대화를 듣고, 여자의 마지막 말에 대한 남자의 응답으로 가장 적절한 것을 고르시오. [3점]

Man: _____

① No worries. Stress is not always as bad as you think.

② Don't forget to bring a charger whenever you go out.

③ Great. That'll be a good way to take time for yourself.

④ I think working out too much will burn all your energy.

⑤ Fantastic. Let's enjoy ourselves at the exhibition with the kids.

14. 대화를 듣고, 남자의 마지막 말에 대한 여자의 응답으로 가장 적절한 것을 고르시오.

Woman: _____

① Please check it again. The hotel can't be fully booked.

② Too bad. I should've checked out as early as possible.

③ Sure. I'm very satisfied with your cleaning service.

④ I'm sorry. You can't switch your room with mine.

⑤ Perfect. That's high enough to avoid the smell.

15. 다음 상황 설명을 듣고, Jason이 Sarah에게 할 말로 가장 적절한 것을 고르시오. [3점]

Jason: _____

① Good luck. I hope you finish your work in time.

② Okay. Let's meet to discuss the changes to the sculpture.

③ That's terrible. I'm sorry that the reopening was postponed.

④ Hurry up. You have to send the final design immediately.

⑤ Don't worry. I can get the job done before the deadline.

[16 ~ 17] 다음을 듣고, 물음에 답하시오.

16. 남자가 하는 말의 주제로 가장 적절한 것은?

① effects of incorporating painting into math education

② mathematical analysis of the art industry's growth

③ application of mathematics in different types of art

④ historical review of important concepts in the arts

⑤ challenges of harmonizing mathematics and art

17. 언급된 예술 분야가 <u>아닌</u> 것은?

① music   ② painting   ③ photography

④ dance   ⑤ cinema

이제 듣기 문제가 끝났습니다. 18번부터는 문제지의 지시에 따라 답을 하시기 바랍니다.

18. 다음 글의 목적으로 가장 적절한 것은?

Dear Ms. Green,

My name is Donna Williams, a science teacher at Rogan High School. I am planning a special workshop for our science teachers. We are interested in learning how to teach online science classes. I have been impressed with your ideas about using internet platforms for science classes. Since you are an expert in online education, I would like to ask you to deliver a special lecture at the workshop scheduled for next month. I am sure the lecture will help our teachers manage successful online science classes, and I hope we can learn from your insights. I am looking forward to hearing from you.

Sincerely,

Donna Williams

① 과학 교육 정책 협의회 참여를 독려하려고
② 과학 교사 워크숍의 특강을 부탁하려고
③ 과학 교사 채용 계획을 공지하려고
④ 과학 교육 프로그램 개발을 요청하려고
⑤ 과학 교육 워크숍 일정의 변경을 안내하려고

19. 다음 글에 나타난 Evelyn의 심경 변화로 가장 적절한 것은?

It was Evelyn's first time to explore the Badlands of Alberta, famous across Canada for its numerous dinosaur fossils. As a young amateur bone-hunter, she was overflowing with anticipation. She had not travelled this far for the bones of common dinosaur species. Her life-long dream to find rare fossils of dinosaurs was about to come true. She began eagerly searching for them. After many hours of wandering throughout the deserted lands, however, she was unsuccessful. Now, the sun was beginning to set, and her goal was still far beyond her reach. Looking at the slowly darkening ground before her, she sighed to herself, "I can't believe I came all this way for nothing. What a waste of time!"

① confused → scared
② discouraged → confident
③ relaxed → annoyed
④ indifferent → depressed
⑤ hopeful → disappointed

20. 다음 글에서 필자가 주장하는 바로 가장 적절한 것은?

One of the most common mistakes made by organizations when they first consider experimenting with social media is that they focus too much on social media tools and platforms and not enough on their business objectives. The reality of success in the social web for businesses is that creating a social media program begins not with insight into the latest social media tools and channels but with a thorough understanding of the organization's own goals and objectives. A social media program is not merely the fulfillment of a vague need to manage a "presence" on popular social networks because "everyone else is doing it." "Being in social media" serves no purpose in and of itself. In order to serve any purpose at all, a social media presence must either solve a problem for the organization and its customers or result in an improvement of some sort (preferably a measurable one). In all things, purpose drives success. The world of social media is no different.

① 기업 이미지에 부합하는 소셜 미디어를 직접 개발하여 운영해야 한다.
② 기업은 사회적 가치와 요구를 반영하여 사업 목표를 수립해야 한다.
③ 기업은 소셜 미디어를 활용할 때 사업 목표를 토대로 해야 한다.
④ 소셜 미디어로 제품을 홍보할 때는 구체적인 정보를 제공해야 한다.
⑤ 소비자의 의견을 수렴하기 위해 소셜 미디어를 적극 활용해야 한다.

21. 밑줄 친 whether to make ready for the morning commute or not이 다음 글에서 의미하는 바로 가장 적절한 것은? [3점]

Scientists have no special purchase on moral or ethical decisions; a climate scientist is no more qualified to comment on health care reform than a physicist is to judge the causes of bee colony collapse. The very features that create expertise in a specialized domain lead to ignorance in many others. In some cases lay people — farmers, fishermen, patients, native peoples — may have relevant experiences that scientists can learn from. Indeed, in recent years, scientists have begun to recognize this: the Arctic Climate Impact Assessment includes observations gathered from local native groups. So our trust needs to be limited, and focused. It needs to be very particular. Blind trust will get us into at least as much trouble as no trust at all. But without some degree of trust in our designated experts — the men and women who have devoted their lives to sorting out tough questions about the natural world we live in — we are paralyzed, in effect not knowing whether to make ready for the morning commute or not.

* lay: 전문가가 아닌 ** paralyze: 마비시키다 *** commute: 통근

① questionable facts that have been popularized by non-experts
② readily applicable information offered by specialized experts
③ common knowledge that hardly influences crucial decisions
④ practical information produced by both specialists and lay people
⑤ biased knowledge that is widespread in the local community

22. 다음 글의 요지로 가장 적절한 것은?

Environmental hazards include biological, physical, and chemical ones, along with the human behaviors that promote or allow exposure. Some environmental contaminants are difficult to avoid (the breathing of polluted air, the drinking of chemically contaminated public drinking water, noise in open public spaces); in these circumstances, exposure is largely involuntary. Reduction or elimination of these factors may require societal action, such as public awareness and public health measures. In many countries, the fact that some environmental hazards are difficult to avoid at the individual level is felt to be more morally egregious than those hazards that can be avoided. Having no choice but to drink water contaminated with very high levels of arsenic, or being forced to passively breathe in tobacco smoke in restaurants, outrages people more than the personal choice of whether an individual smokes tobacco. These factors are important when one considers how change (risk reduction) happens.

* contaminate: 오염시키다 ** egregious: 매우 나쁜

① 개인이 피하기 어려운 유해 환경 요인에 대해서는 사회적 대응이 필요하다.
② 환경오염으로 인한 피해자들에게 적절한 보상을 하는 것이 바람직하다.
③ 다수의 건강을 해치는 행위에 대해 도덕적 비난 이상의 조치가 요구된다.
④ 환경오염 문제를 해결하기 위해서는 사후 대응보다 예방이 중요하다.
⑤ 대기오염 문제는 인접 국가들과의 긴밀한 협력을 통해 해결할 수 있다.

23. 다음 글의 주제로 가장 적절한 것은? [3점]

Scientists use paradigms rather than believing them. The use of a paradigm in research typically addresses related problems by employing shared concepts, symbolic expressions, experimental and mathematical tools and procedures, and even some of the same theoretical statements. Scientists need only understand how to use these various elements in ways that others would accept. These elements of shared practice thus need not presuppose any comparable unity in scientists' beliefs about what they are doing when they use them. Indeed, one role of a paradigm is to enable scientists to work successfully without having to provide a detailed account of what they are doing or what they believe about it. Thomas Kuhn noted that scientists "can agree in their identification of a paradigm without agreeing on, or even attempting to produce, a full interpretation or rationalization of it. Lack of a standard interpretation or of an agreed reduction to rules will not prevent a paradigm from guiding research."

① difficulty in drawing novel theories from existing paradigms
② significant influence of personal beliefs in scientific fields
③ key factors that promote the rise of innovative paradigms
④ roles of a paradigm in grouping like-minded researchers
⑤ functional aspects of a paradigm in scientific research

24. 다음 글의 제목으로 가장 적절한 것은?

　Mending and restoring objects often require even more creativity than original production. The preindustrial blacksmith made things to order for people in his immediate community; customizing the product, modifying or transforming it according to the user, was routine. Customers would bring things back if something went wrong; repair was thus an extension of fabrication. With industrialization and eventually with mass production, making things became the province of machine tenders with limited knowledge. But repair continued to require a larger grasp of design and materials, an understanding of the whole and a comprehension of the designer's intentions. "Manufacturers all work by machinery or by vast subdivision of labour and not, so to speak, by hand," an 1896 Manual of Mending and Repairing explained. "But all repairing must be done by hand. We can make every detail of a watch or of a gun by machinery, but the machine cannot mend it when broken, much less a clock or a pistol!"

① Still Left to the Modern Blacksmith: The Art of Repair

② A Historical Survey of How Repairing Skills Evolved

③ How to Be a Creative Repairperson: Tips and Ideas

④ A Process of Repair: Create, Modify, Transform!

⑤ Can Industrialization Mend Our Broken Past?

25. 다음 도표의 내용과 일치하지 <u>않는</u> 것은?

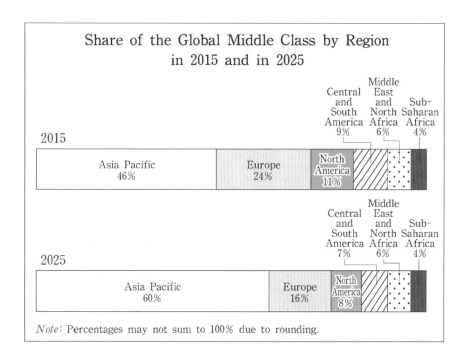

The above graphs show the percentage share of the global middle class by region in 2015 and its projected share in 2025. ① It is projected that the share of the global middle class in Asia Pacific will increase from 46 percent in 2015 to 60 percent in 2025. ② The projected share of Asia Pacific in 2025, the largest among the six regions, is more than three times that of Europe in the same year. ③ The shares of Europe and North America are both projected to decrease, from 24 percent in 2015 to 16 percent in 2025 for Europe, and from 11 percent in 2015 to 8 percent in 2025 for North America. ④ Central and South America is not expected to change from 2015 to 2025 in its share of the global middle class. ⑤ In 2025, the share of the Middle East and North Africa will be larger than that of sub-Saharan Africa, as it was in 2015.

26. Donato Bramante에 관한 다음 글의 내용과 일치하지 <u>않는</u> 것은?

Donato Bramante, born in Fermignano, Italy, began to paint early in his life. His father encouraged him to study painting. Later, he worked as an assistant of Piero della Francesca in Urbino. Around 1480, he built several churches in a new style in Milan. He had a close relationship with Leonardo da Vinci, and they worked together in that city. Architecture became his main interest, but he did not give up painting. Bramante moved to Rome in 1499 and participated in Pope Julius II's plan for the renewal of Rome. He planned the new Basilica of St. Peter in Rome — one of the most ambitious building projects in the history of humankind. Bramante died on April 11, 1514 and was buried in Rome. His buildings influenced other architects for centuries.

① Piero della Francesca의 조수로 일했다.
② Milan에서 새로운 양식의 교회들을 건축했다.
③ 건축에 주된 관심을 갖게 되면서 그림 그리기를 포기했다.
④ Pope Julius II의 Rome 재개발 계획에 참여했다.
⑤ 그의 건축물들은 다른 건축가들에게 영향을 끼쳤다.

27. Cornhill No Paper Cup Challenge에 관한 다음 안내문의 내용과 일치하지 <u>않는</u> 것은?

Cornhill No Paper Cup Challenge

Cornhill High School invites you to join the "No Paper Cup Challenge." This encourages you to reduce your use of paper cups. Let's save the earth together!

How to Participate

1) After being chosen, record a video showing you are using a tumbler.

2) Choose the next participant by saying his or her name in the video.

3) Upload the video to our school website within 24 hours.

※ The student council president will start the challenge on December 1st, 2021.

Additional Information

· The challenge will last for two weeks.

· All participants will receive T-shirts.

If you have questions about the challenge, contact us at cornhillsc@chs.edu.

① 참가자는 텀블러를 사용하는 자신의 동영상을 찍는다.
② 참가자가 동영상을 업로드할 곳은 학교 웹사이트이다.
③ 학생회장이 시작할 것이다.
④ 두 달 동안 진행될 예정이다.
⑤ 참가자 전원이 티셔츠를 받을 것이다.

28. Goldbeach SeaWorld Sleepovers에 관한 다음 안내문의 내용과 일치하는 것은?

Goldbeach SeaWorld Sleepovers

Do your children love marine animals? A sleepover at Goldbeach SeaWorld will surely be an exciting overnight experience for them. Join us for a magical underwater sleepover.

Participants

- Children ages 8 to 12

- Children must be accompanied by a guardian.

When: Saturdays 5 p.m. to Sundays 10 a.m. in May, 2022

Activities: guided tour, underwater show, and photo session with a mermaid

Participation Fee

- $50 per person (dinner and breakfast included)

Note

- Sleeping bags and other personal items will not be provided.

- All activities take place indoors.

- Taking photos is not allowed from 10 p.m. to 7 a.m.

For more information, you can visit our website at www.goldbeachseaworld.com.

① 7세 이하의 어린이가 참가할 수 있다.

② 평일에 진행된다.

③ 참가비에 아침 식사가 포함된다.

④ 모든 활동은 야외에서 진행된다.

⑤ 사진 촬영은 언제든지 할 수 있다.

29. 다음 글의 밑줄 친 부분 중, 어법상 틀린 것은? [3점]

Like whole individuals, cells have a life span. During their life cycle (cell cycle), cell size, shape, and metabolic activities can change dramatically. A cell is "born" as a twin when its mother cell divides, ① producing two daughter cells. Each daughter cell is smaller than the mother cell, and except for unusual cases, each grows until it becomes as large as the mother cell ② was. During this time, the cell absorbs water, sugars, amino acids, and other nutrients and assembles them into new, living protoplasm. After the cell has grown to the proper size, its metabolism shifts as it either prepares to divide or matures and ③ differentiates into a specialized cell. Both growth and development require a complex and dynamic set of interactions involving all cell parts. ④ What cell metabolism and structure should be complex would not be surprising, but actually, they are rather simple and logical. Even the most complex cell has only a small number of parts, each ⑤ responsible for a distinct, well-defined aspect of cell life.

* metabolic: 물질대사의 ** protoplasm: 원형질

30. 다음 글의 밑줄 친 부분 중, 문맥상 낱말의 쓰임이 적절하지 <u>않은</u> 것은?

It has been suggested that "organic" methods, defined as those in which only natural products can be used as inputs, would be less damaging to the biosphere. Large-scale adoption of "organic" farming methods, however, would ① <u>reduce</u> yields and increase production costs for many major crops. Inorganic nitrogen supplies are ② <u>essential</u> for maintaining moderate to high levels of productivity for many of the non-leguminous crop species, because organic supplies of nitrogenous materials often are either limited or more expensive than inorganic nitrogen fertilizers. In addition, there are ③ <u>benefits</u> to the extensive use of either manure or legumes as "green manure" crops. In many cases, weed control can be very difficult or require much hand labor if chemicals cannot be used, and ④ <u>fewer</u> people are willing to do this work as societies become wealthier. Some methods used in "organic" farming, however, such as the sensible use of crop rotations and specific combinations of cropping and livestock enterprises, can make important ⑤ <u>contributions</u> to the sustainability of rural ecosystems.

* nitrogen fertilizer: 질소 비료 ** manure: 거름 *** legume: 콩과(科) 식물

[31 ~ 34] 다음 빈칸에 들어갈 말로 가장 적절한 것을 고르시오.

31. Humour involves not just practical disengagement but cognitive disengagement. As long as something is funny, we are for the moment not concerned with whether it is real or fictional, true or false. This is why we give considerable leeway to people telling funny stories. If they are getting extra laughs by exaggerating the silliness of a situation or even by making up a few details, we are happy to grant them comic licence, a kind of poetic licence. Indeed, someone listening to a funny story who tries to correct the teller — 'No, he didn't spill the spaghetti on the keyboard and the monitor, just on the keyboard' — will probably be told by the other listeners to stop interrupting. The creator of humour is putting ideas into people's heads for the pleasure those ideas will bring, not to provide ＿＿＿＿＿＿ information.

* cognitive: 인식의 ** leeway: 여지

① accurate
② detailed
③ useful
④ additional
⑤ alternative

32. News, especially in its televised form, is constituted not only by its choice of topics and stories but by its _____. Presentational styles have been subject to a tension between an informational-educational purpose and the need to engage us entertainingly. While current affairs programmes are often 'serious' in tone sticking to the 'rules' of balance, more popular programmes adopt a friendly, lighter, idiom in which we are invited to consider the impact of particular news items from the perspective of the 'average person in the street'. Indeed, contemporary news construction has come to rely on an increased use of faster editing tempos and 'flashier' presentational styles including the use of logos, sound-bites, rapid visual cuts and the 'star quality' of newsreaders. Popular formats can be said to enhance understanding by engaging an audience unwilling to endure the longer verbal orientation of older news formats. However, they arguably work to reduce understanding by failing to provide the structural contexts for news events.

① coordination with traditional display techniques
② prompt and full coverage of the latest issues
③ educational media contents favoured by producers
④ commitment to long-lasting news standards
⑤ verbal and visual idioms or modes of address

33. Elinor Ostrom found that there are several factors critical to bringing about stable institutional solutions to the problem of the commons. She pointed out, for instance, that the actors affected by the rules for the use and care of resources must have the right to _____. For that reason, the people who monitor and control the behavior of users should also be users and/or have been given a mandate by all users. This is a significant insight, as it shows that prospects are poor for a centrally directed solution to the problem of the commons coming from a state power in comparison with a local solution for which users assume personal responsibility. Ostrom also emphasizes the importance of democratic decision processes and that all users must be given access to local forums for solving problems and conflicts among themselves. Political institutions at central, regional, and local levels must allow users to devise their own regulations and independently ensure observance. [3점]

* commons: 공유지 ** mandate: 위임

① participate in decisions to change the rules
② claim individual ownership of the resources
③ use those resources to maximize their profits
④ demand free access to the communal resources
⑤ request proper distribution based on their merits

34. Precision and determinacy are a necessary requirement for all meaningful scientific debate, and progress in the sciences is, to a large extent, the ongoing process of achieving ever greater precision. But historical representation puts a premium on a proliferation of representations, hence not on the refinement of one representation but on the production of an ever more varied set of representations. Historical insight is not a matter of a continuous "narrowing down" of previous options, not of an approximation of the truth, but, on the contrary, is an "explosion" of possible points of view. It therefore aims at the unmasking of previous illusions of determinacy and precision by the production of new and alternative representations, rather than at achieving truth by a careful analysis of what was right and wrong in those previous representations. And from this perspective, the development of historical insight may indeed be regarded by the outsider as a process of creating ever more confusion, a continuous questioning of _____, rather than, as in the sciences, an ever greater approximation to the truth. [3점]

* proliferation: 증식

① criteria for evaluating historical representations
② certainty and precision seemingly achieved already
③ possibilities of alternative interpretations of an event
④ coexistence of multiple viewpoints in historical writing
⑤ correctness and reliability of historical evidence collected

35. 다음 글에서 전체 흐름과 관계 <u>없는</u> 문장은?

Since their introduction, information systems have substantially changed the way business is conducted. ① This is particularly true for business in the shape and form of cooperation between firms that involves an integration of value chains across multiple units. ② The resulting networks do not only cover the business units of a single firm but typically also include multiple units from different firms. ③ As a consequence, firms do not only need to consider their internal organization in order to ensure sustainable business performance; they also need to take into account the entire ecosystem of units surrounding them. ④ Many major companies are fundamentally changing their business models by focusing on profitable units and cutting off less profitable ones. ⑤ In order to allow these different units to cooperate successfully, the existence of a common platform is crucial.

[36~37] 주어진 글 다음에 이어질 글의 순서로 가장 적절한 것을 고르시오.

36.

According to the market response model, it is increasing prices that drive providers to search for new sources, innovators to substitute, consumers to conserve, and alternatives to emerge.

(A) Many examples of such "green taxes" exist. Facing landfill costs, labor expenses, and related costs in the provision of garbage disposal, for example, some cities have required households to dispose of all waste in special trash bags, purchased by consumers themselves, and often costing a dollar or more each.

(B) Taxing certain goods or services, and so increasing prices, should result in either decreased use of these resources or creative innovation of new sources or options. The money raised through the tax can be used directly by the government either to supply services or to search for alternatives.

(C) The results have been greatly increased recycling and more careful attention by consumers to packaging and waste. By internalizing the costs of trash to consumers, there has been an observed decrease in the flow of garbage from households.

① (A) - (C) - (B) ② (B) - (A) - (C)
③ (B) - (C) - (A) ④ (C) - (A) - (B)
⑤ (C) - (B) - (A)

37.

In spite of the likeness between the fictional and real world, the fictional world deviates from the real one in one important respect.

(A) The author has selected the content according to his own worldview and his own conception of relevance, in an attempt to be neutral and objective or convey a subjective view on the world. Whatever the motives, the author's subjective conception of the world stands between the reader and the original, untouched world on which the story is based.

(B) Because of the inner qualities with which the individual is endowed through heritage and environment, the mind functions as a filter; every outside impression that passes through it is filtered and interpreted. However, the world the reader encounters in literature is already processed and filtered by another consciousness.

(C) The existing world faced by the individual is in principle an infinite chaos of events and details before it is organized by a human mind. This chaos only gets processed and modified when perceived by a human mind. [3점]

* deviate: 벗어나다 ** endow: 부여하다 *** heritage: 유산

① (A) - (C) - (B)　　　　② (B) - (A) - (C)
③ (B) - (C) - (A)　　　　④ (C) - (A) - (B)
⑤ (C) - (B) - (A)

[38~39] 글의 흐름으로 보아, 주어진 문장이 들어가기에 가장 적절한 곳을 고르시오.

38.

> Retraining current employees for new positions within the company will also greatly reduce their fear of being laid off.

Introduction of robots into factories, while employment of human workers is being reduced, creates worry and fear. (①) It is the responsibility of management to prevent or, at least, to ease these fears. (②) For example, robots could be introduced only in new plants rather than replacing humans in existing assembly lines. (③) Workers should be included in the planning for new factories or the introduction of robots into existing plants, so they can participate in the process. (④) It may be that robots are needed to reduce manufacturing costs so that the company remains competitive, but planning for such cost reductions should be done jointly by labor and management. (⑤) Since robots are particularly good at highly repetitive simple motions, the replaced human workers should be moved to positions where judgment and decisions beyond the abilities of robots are required.

39.

> As long as the irrealism of the silent black and white film predominated, one could not take filmic fantasies for representations of reality.

Cinema is valuable not for its ability to make visible the hidden outlines of our reality, but for its ability to reveal what reality itself veils — the dimension of fantasy. (①) This is why, to a person, the first great theorists of film decried the introduction of sound and other technical innovations (such as color) that pushed film in the direction of realism. (②) Since cinema was an entirely fantasmatic art, these innovations were completely unnecessary. (③) And what's worse, they could do nothing but turn filmmakers and audiences away from the fantasmatic dimension of cinema, potentially transforming film into a mere delivery device for representations of reality. (④) But sound and color threatened to create just such an illusion, thereby destroying the very essence of film art. (⑤) As Rudolf Arnheim puts it, "The creative power of the artist can only come into play where reality and the medium of representation do not coincide." [3점]

* decry: 공공연히 비난하다 ** fantasmatic: 환상의

40. 다음 글의 내용을 한 문장으로 요약하고자 한다. 빈칸 (A), (B)에 들어갈 말로 가장 적절한 것은?

Philip Kitcher and Wesley Salmon have suggested that there are two possible alternatives among philosophical theories of explanation. One is the view that scientific explanation consists in the unification of broad bodies of phenomena under a minimal number of generalizations. According to this view, the (or perhaps, a) goal of science is to construct an economical framework of laws or generalizations that are capable of subsuming all observable phenomena. Scientific explanations organize and systematize our knowledge of the empirical world; the more economical the systematization, the deeper our understanding of what is explained. The other view is the causal/mechanical approach. According to it, a scientific explanation of a phenomenon consists of uncovering the mechanisms that produced the phenomenon of interest. This view sees the explanation of individual events as primary, with the explanation of generalizations flowing from them. That is, the explanation of scientific generalizations comes from the causal mechanisms that produce the regularities.

* subsume: 포섭(포함)하다 ** empirical: 경험적인

↓

Scientific explanations can be made either by seeking the _____(A)_____ number of principles covering all observations or by finding general _____(B)_____ drawn from individual phenomena.

	(A)	(B)		(A)	(B)
①	least	... patterns	②	fixed	... features
③	limited	... functions	④	fixed	... rules
⑤	least	... assumptions			

[41~42] 다음 글을 읽고, 물음에 답하시오.

Classifying things together into groups is something we do all the time, and it isn't hard to see why. Imagine trying to shop in a supermarket where the food was arranged in random order on the shelves: tomato soup next to the white bread in one aisle, chicken soup in the back next to the 60-watt light bulbs, one brand of cream cheese in front and another in aisle 8 near the cookies. The task of finding what you want would be (a) <u>time-consuming</u> and extremely difficult, if not impossible.

In the case of a supermarket, someone had to (b) <u>design</u> the system of classification. But there is also a ready-made system of classification embodied in our language. The word "dog," for example, groups together a certain class of animals and distinguishes them from other animals. Such a grouping may seem too (c) <u>abstract</u> to be called a classification, but this is only because you have already mastered the word. As a child learning to speak, you had to work hard to (d) <u>learn</u> the system of classification your parents were trying to teach you. Before you got the hang of it, you probably made mistakes, like calling the cat a dog. If you hadn't learned to speak, the whole world would seem like the (e) <u>unorganized</u> supermarket; you would be in the position of an infant, for whom every object is new and unfamiliar. In learning the principles of classification, therefore, we'll be learning about the structure that lies at the core of our language.

41. 윗글의 제목으로 가장 적절한 것은?

① Similarities of Strategies in Sales and Language Learning
② Classification: An Inherent Characteristic of Language
③ Exploring Linguistic Issues Through Categorization
④ Is a Ready-Made Classification System Truly Better?
⑤ Dilemmas of Using Classification in Language Education

42. 밑줄 친 (a)~(e) 중에서 문맥상 낱말의 쓰임이 적절하지 <u>않은</u> 것은? [3점]

① (a)　　② (b)　　③ (c)　　④ (d)　　⑤ (e)

[43~45] 다음 글을 읽고, 물음에 답하시오.

(A)

In the gym, members of the taekwondo club were busy practicing. Some were trying to kick as high as they could, and some were striking the sparring pad. Anna, the head of the club, was teaching the new members basic moves. Close by, her friend Jane was assisting Anna. Jane noticed that Anna was glancing at the entrance door of the gym. She seemed to be expecting someone. At last, when Anna took a break, Jane came over to (a) her and asked, "Hey, are you waiting for Cora?"

(B)

Cora walked in like a wounded soldier with bandages on her face and arms. Surprised, Anna and Jane simply looked at her with their eyes wide open. Cora explained, "I'm sorry I've been absent. I got into a bicycle accident, and I was in the hospital for two days. Finally, the doctor gave me the okay to practice." Anna said excitedly, "No problem! We're thrilled to have you back!" Then, Jane gave Anna an apologetic look, and (b) she responded with a friendly pat on Jane's shoulder.

(C)

Anna answered the question by nodding uneasily. In fact, Jane knew what her friend was thinking. Cora was a new member, whom Anna had personally invited to join the club. Anna really liked (c) her. Although her budget was tight, Anna bought Cora a taekwondo uniform. When she received it, Cora thanked her and promised, "I'll come to practice and work hard every day." However, unexpectedly, she came to practice only once and then never showed up again.

Since Cora had missed several practices, Anna wondered what could have happened. Jane, on the other hand, was disappointed and said judgingly, "Still waiting for her, huh? I can't believe (d) <u>you</u> don't feel disappointed or angry. Why don't you forget about her?" Anna replied, "Well, I know most newcomers don't keep their commitment to the club, but I thought that Cora would be different. She said she would come every day and practice." Just as Jane was about to respond to (e) <u>her</u>, the door swung open. There she was!

43. 주어진 글 (A)에 이어질 내용을 순서에 맞게 배열한 것으로 가장 적절한 것은?

① (B) - (D) - (C) 　　　② (C) - (B) - (D)

③ (C) - (D) - (B) 　　　④ (D) - (B) - (C)

⑤ (D) - (C) - (B)

44. 밑줄 친 (a)~(e) 중에서 가리키는 대상이 나머지 넷과 <u>다른</u> 것은?

① (a) 　　　② (b) 　　　③ (c) 　　　④ (d) 　　　⑤ (e)

45. 윗글에 관한 내용으로 적절하지 <u>않은</u> 것은?

① Anna는 신입 회원에게 태권도를 가르쳤다.

② Anna와 Jane은 Cora를 보고 놀라지 않았다.

③ Anna는 Cora에게 태권도 도복을 사 주었다.

④ Cora는 여러 차례 연습에 참여하지 않았다.

⑤ Anna는 Cora를 대다수의 신입 회원과 다를 것이라 생각했다.

intervene [ìntərvíːn]

arrest [ərést]

scarce [skeərs]

2022학년도 대학수학능력시험

영어영역(홀수형) 정답표

2022학년도 수능 영어영역(홀수형) 정답표

문항 번호	정답	배점	문항 번호	정답	배점
1	⑤	2	24	①	2
2	②	2	25	④	2
3	①	2	26	③	2
4	④	2	27	④	2
5	②	2	28	③	2
6	④	3	29	④	3
7	①	2	30	③	2
8	④	2	31	①	2
9	③	2	32	⑤	2
10	④	2	33	①	3
11	①	2	34	②	3
12	②	2	35	④	2
13	③	3	36	②	2
14	⑤	2	37	⑤	3
15	⑤	3	38	⑤	2
16	③	2	39	④	3
17	⑤	2	40	①	2
18	②	2	41	②	2
19	⑤	2	42	③	2
20	③	2	43	③	2
21	②	3	44	③	2
22	①	2	45	②	2
23	⑤	3			

문제를 그렇게 풀어도 왜 자신감이 없을까?

영어 회화와 쓰기를 잘하기 위한 'A 공략법'과 영어 시험을 잘 보기 위한 'B 공략법'은 서로 다릅니다. 원어민과 회화를 술술 이어가고, 에세이를 제법 써내려 가고, 영어 원서를 거침없이 읽기 위해서는, 계속 말하고 듣고 읽으며 부족한 부분을 끊임없이 채워가는 'A 공략법'의 필요합니다. 그렇게 상당한 수준에 이른 상태에서 수능 영어를 푼다면, 어떻게든 적절히 좋은 점수를 낼 수 있을 겁니다. 어휘력이 탄탄하고 sentence가 형성되는 패턴을 자연스레 알고 있어서, 난해한 문장에 접근할 수 있는 진짜 '느낌'이 작동되기 때문이죠.

수능 준비 차원에서 우리 수험생들에게 'A 공략법'은 불가능합니다. 그럼 현실은 어떨까요? 수능과 모의고사 기출문제, EBS 교재, 사설 모의고사 등을 수없이 풀지만, 너무 많은 수험생들은 그저 붕 떠있는 느낌일 겁니다. 이유는 간단합니다. 문제는 계속 풀어도 옹골차게 만들어진 '뼈대'가 없기 때문입니다. 과거에 학습 환경이 열악했던 시절, 제법 영어를 잘 했던 학생들이 많았던 이유는 자기만의 '영어 바이블'을 수십 번씩 독파해 영어의 뼈대가 형성돼 있었고, 바로 거기에서 응용의 힘이 샘솟을 수 있었기 때문입니다. 그래서, 교재도 변변치 않았던 시절에 꽤 어려운 문장도 읽고 문제도 풀었던 겁니다.

그것이 바로 수능영어를 향한 'B 공략법'입니다. 방법은 이렇습니다. 최근 5개년 이상의 수능기출 문제들을 완전히 파헤치는 겁니다. 다른 수능대비 교재가 아니라, 수능 자체를 다루는 수능 기출을 바이블로 삼는 것이 가장 좋습니다. 그냥 푸는 것만이 아닙니다. 무수한 반복으로, 어떤 어휘가 나왔고, 어떤 문법이 적용됐고, 어떤 방향으로 문맥이 흘러갔고, 어떤 답이 함정이었고, 어떤 답이 왜 정답인지를 되새겨 보는 겁니다. 자기 것이 될 때까지 말이죠.

모의고사 등에서 기대했던 점수가 안 나와 흔들릴 때도 있을 겁니다. 그럴 때 수능기출 문제 중심의 'B 공략법'으로 또 돌아와 자신감을 계속 다지세요. 뼈대가 탄탄하면 흔들리더라도 절대 무너지지 않습니다. 그것이 수능을 향한 자신감입니다. 그렇게 하면 수능영어에서 희망이 반드시 보일 겁니다. / 저자

저자 ❘ 김준

여러 외국어를 지나치게 사랑하고, 영어 강연 TED에 지나치게 빠져 있고, 진짜 영어를 가르치는 데 지나치게 몰두해 있는 사람

　현) 교육 아이템 및 교재 개발 전문 TOOBLO 대표 **/** 현) 영어 전문 L어학원 원장

　현) 영어-일어-중국어 3개 외국어 관광통역사(3개 외국어 능통)

　전) 조선일보 기자